公民的诞生

THE TRUE CITIZEN

〔美〕威廉·F.马克威克　威廉·A.史密斯◎著

孙志新◎译

红旗出版社

序 言

本书作为美国学生的教辅读物，以实现如今的某些现实需要为目标，针对的是七、八年级的在校生。大多数课本和书籍都是从政治的角度来探讨公民问题，从道德和伦理这样更高层面来阐述这一问题的非常少见。

在我们两人看来，同时促进身体感官和道德水平的发展，能够培养出更加健全的成年人和更高水平的公民，所以想努力探寻此种方法，可惜一无所获。我们需要辅助年轻人为日后践行社会义务做好准备，而相比于政治说教，我们认为在此过程中，塑造个性更为重要。要知道，想提升公民的素质，高尚的道德标准必不可少。

学校应该保证公民思想和道德素养齐头并进，这点所有人都得承认。这确实是一个重要课题，但我们没能让学生去关注它，虽然我们已经桃李满天下。我们之所以共同编著这本书，正是因为真心想要改善这一情况。

这本书的阅读规划很简单。整本书一共39章，在校期间可以每周读一章，每章开头的五句名人名言，可以每天背一句。[1]此外，为了让学生能够轻松理解书中内容，我们在写作过程中对遣词造句也非常注意。

为了迅速激发学生的兴趣，并让他们在学完整本书之前都不失去兴趣，

[1] 这些名言曾由胡适先生翻译并刊载于《竞业旬报》第34～38期——译者注。

我们使用了很多奇闻和故事。书中所用故事并非我们原创，而是来自各个方面。

我们在每个直接论述如何培养身体感官和道德力量的章节中，都安排了一个“特别案例”。我们希望这些特别案例能够激发学生的学习兴趣，而且直接和伟人“接触”，也能鞭策他们树立崇高的理想和目标，对于他们未来的时光，这必定极有好处。

为了提高学生的学习兴趣，培养高水平的公民，日后为国家效力，老师需要认真讲解每一个主题。

作　者

目 录

contents

PART 3 成人篇

PART 4　公民篇

PART 1

儿童篇

教育以家庭为起点，持续到中学和大学时期，而在此之外，人在一生中还会遇到很多独具魅力的受教育的机会，可以从中完善自己。不过，只是提高智力水平或者学到更多知识，没有任何意义。因为有许多接受的教育不完整或者只接受了片面教育而最终毫无建树的人。

Chapter 01▶

身　心

▶ 每个人都为自己贴上了价值标签。

——席勒

▶ 利息最大的本金，就是个人素养。

——艾略特

▶ 塑造性格是教育的最终目标。

——弗朗西斯·W. 帕克

▶ 让人清楚自己的能力，是深入的智力教育的一个最大成果。

——亚历山大·贝恩

▶ 教育是一种成长的过程，它可以让智力和道德越来越完美。

——尼古拉斯·默里·巴特勒

教育以家庭为起点，持续到中学和大学时期，而在此之外，人在一生中还会遇到很多独具魅力的受教育的机会，可以从中完善自己。不过，只是提高智力水平或者学到更多知识，没有任何意义。因为有许多接受的教育不完整或者只接受了片面教育而最终毫无建树的人。不少智慧绝伦的巨人最终都成了高智商的魔鬼。事实上，那些富有学术能力但无法为学术做出贡献的人，有些就成了历史上最恶名远播的人。

真正的教育要求大脑和身心和谐发展。一个富有智慧的作家曾说："一味激发体能，只能培养出运动员或愚昧的野蛮人；一味进行伦理道德教育，只能培养出斗志昂扬的人或者疯子；一味发掘智力，只能培养出身体虚弱的怪人，甚至怪物。想要培养出一个健全的人，必须将这几方面高明地结合在一起。”

不管是动物、植物还是人，对一切事物的培养都是为了让它生长、发育。除非不愿意让生活更加丰富，否则没有人会拒绝接受教育。为了变成健全、活跃、优秀和愉悦的人，他们会竭尽所能地提升自己的能力，特别是高尚的品格，所以，为了得到真正的教育，他们会尽可能地增强自我学习。

人们经常说的那句“人的身体机能在使用中发展，在闲置中退化”。我们可以用另外一种方式来表述，即，营养充足会让人的身体机能得以发展，营养不足则会让人的身体机能退化。不同机体对于营养的需求也不一样，对一种机能有益的营养，对另一种机能未必有益。同样的，人的某些天赋会被激发，某些天赋则会退化。想让某些天赋得到哺育、壮大，所要付出的代价就是压制另一些天赋。

霍桑有一篇优美的寓言故事——《人面巨石》，不知你是否记得。人面巨石有一副沉思的面貌，看上去肃穆、安详、富有仁爱，欧内斯特每天都去看这面巨石，不经意间被巨石改变，有了和巨石一样的品性。最后，邻居觉得那个寻觅了很久，和巨石长得很像的人，就是他。所以，尚未达成的自我，是一股实力强劲的力量，虽然它看不见、摸不着，却能在我们的人生中成为我们意愿的支配者、行为的引导者和个性的裁决者。

“创造和理想的召唤，在美国首都华盛顿的初创时期，对这座城市影响极大。我们看到它吸附了一种又一种的品质，最终获得了丰富的个性。最开始出现的是磅礴的气势和运动员一般的力量与技巧，接下来是温文尔雅和文质彬彬的行为举止，然后是谨慎和精准的商业习惯，再然后是军事素养，再之后则是对公共服务的忠实。”

在人获得丰满的个性和理想变成现实之前，改变将会一直存在，而且又快又平稳。就这样，议员、指挥官、总统……各行各业中都有了这种人。人人身上都有这种人的影子，可他们又全都不是他。

纵观人类的所有错误，起码半数是因为对自己认识不清。对自身能力评价过高，会让我们付出比所得成果更多的努力；而对自身能力评价过低，则会让我们得到的结果比付出的努力少。这两种情况，都会让我们的能力蒙受损失。

一个原本可以妙笔生花的文学大师，或许一辈子都在扶着犁耙；一个原本应该修鞋的匠人，却在朝着阿佩利斯的艺术生活努力。我们要对自己有足够的了解，如此，才能在面对一份需要奋斗一生的事业时，知道自己“能不能在这一领域有所贡献”。

悉尼·史密斯将桌上的各种形状的孔洞：圆形、三角形、正方形和长方形，比作各式各样的生活；用相应形状的木块代表过着各种生活的人。他说：“我们往往会发现，三角形的人待在正方形的洞中，长方形的人待在三角形的洞中，而正方形的人则在圆形的洞中挤着。”

找到我们身上的潜力，训练它们使之能够更好地为我们服务并发挥效力，是我们要做的一件最基本的事。我们需要清楚地知道，什么工作或者什么行业最适合我们，如此，当我们有机会为之效力时，我们才能付出智力，收获成功和利益。

但是，务必将自负和自知之明区分开，因为自负有傲慢或者无礼的意思。就算客观研究的结果表明你确实独具天赋，你也无须向埃默洛尔德·艾尔的儿子学，每当有人说到自己或者提到自己的名字，就抬高帽子或者献媚般弯腰鞠躬。对于有这种问题的人，乔治·艾略特有一个非常幽默的比喻：“自觉早上的太阳因自己的歌声而升起的公鸡”。

玛格丽特·富勒曾经写过这样的话：“现在我知道了所有美国人都该知道的事，而且我发现我是最富有智慧的人。”就算她确实没有高估自己，这种自我评价，恐怕也太过狂妄。希腊历史中记载了这样一件事：在联合舰队取得了萨拉米斯大捷之后，将领接到命令交一份名单，罗列战斗中表现得最英勇、最机智的战士，结果只有米斯托克利这位当天真正的大英雄将自己放在了第二位，剩下的所有人都将自己的名字放在了第一位。

很多人都只能通过失败和挫折了解自己。他们不太了解自己的缺点或能力，只有在成功的希望破灭时，他们才会发现原本是可以成功的，但为时已晚。一个南部来的演说家曾经讲过一个故事，说是一个黑人男孩非常喜欢女主人家刚刚出生的小猫，并想得到一只，女主人同意了，但表示要等小猫稍微长大一点儿才能给他。小男孩没有耐心等待，把一只小猫偷偷带到了自己的屋里。可是小猫尚未睁眼，小孩心生厌恶，将它扔到水桶中淹死了。可是，他后来发现小猫死后睁开了眼睛，便大声喊道："啊！你活着的时候不是瞎子吗，怎么死了反倒不瞎了？"就我们而言，若是无法及时看到，让自己的生命拥有价值，那实在是太可悲了。

高尚的品德是一切真正生命力量的基础。一个人遵循某种原则生活，远比只看眼前的人活得崇高，不仅如此，就是富有激情和见解的人，在这方面也比不上他。享受远远不是生活的全部。人不是一块毫无水分的海绵，必须去吸收、学习一些东西。幸福的本质是爱和希望，也就是说要有感情、有抱负，并且付诸行动。

我们一定要塑造自己的性格。有人说："性格是一面可以让人看清人与事的透镜。暴烈的脾气像一面红色的玻璃，可以让人生出绚烂耀眼之感；沉郁的性格像一面蓝色的玻璃，为其他事物添加了忧郁的颜色；通过代表嫉妒的绿色眼睛来看人，人就成了不被信任、令人厌恶的对象；黑色的玻璃代表了邪恶，透过它看人，别人也和他一般有了丑陋的样子。只有快乐的人才能看到世界真正的样子，因为他们看东西的媒介是无色、澄净、透明的。"

性格可以对事物进行放大或者缩小，所以也分凹透镜和凸透镜。骄傲狂妄的人通常看不到别人的长处，满眼都是别人的短处；心浮气躁的人觉得每个人都躁动难安；心怀嫉妒的人认为所有人都气量狭小；而温和、善良和豪爽的人，相比于灰暗，总能看到更多阳光。因为使用媒介不同，所以，不同的观察者看到的世界也不一样。

即使原料并不美好，乐观的性格也能从中发掘出欣喜与欢乐。它们像可以从苦涩的草药中提炼出香精的奇异的炼金术士；像生活在烟尘四起的屋子里的黑人老太太，“喜欢一切能够点火的东西”，尽管只有两颗牙，却仍因为“这两颗牙是相对的上下两颗”而感谢上帝！

善良的人往往喜欢行善，所以相比于正直，善良更重要。诚实因正直而美，慈爱因善良而美。善良的人会去穷人的茅屋、草棚拜访，他们和蔼可亲、无微不至，带着衣服和食物去问候穷人，为病人匮乏的味觉带去一些美味的食物，或者在能力范围内，为他提供一些他需要的帮助。

除了上述所有内容，真正的教育还包含很多其他东西，而且绝对不能损害学生的独立性。我们一定要告诉学生：在向心仪的榜样学习时，绝对不能失去自我。韦伯斯特没想过要变成西赛罗，所以他虽然对西赛罗的演讲词进行了深入研究，能够背下其中的大部分内容，也不影响他的独立性。迈克尔·安吉洛是世上最具有创造精神的艺术家，传闻他熟知世上所有的经典雕塑和绘画，在这方面任何人都比不上他。他学习一切伟大艺术品的优点，然后发掘自己的能力，而非去复制和效仿它们。“吃掉的食物被他消化吸收转变成骨骼和肌肉，他的大脑吸收了他从艺术模型中学到的知识，并将其转变了大脑的组成部分。”

一个接受过良好教育的人，他的天性发掘得越充分，他对思想和行动自由的要求就越高，就越希望有更大的适合思考和行动的空间。伟大而高尚的理想，是一个值得人尊敬的生命的基本要素，当这些要素注入了人的体内，人的生命就有了意义。他能感知到它，知道它该有的模样；纵然面对千万人的阻挡，他的热情也不会消减，他的看法也不会有一分半点儿的妥协。他的看法是一种权力，他像了解自己一般了解这点。他的主张是经得起探究、推断、反省、评判以及付诸行动的；他发现自己的活力、实力和价值可以通过自己的思想活动——如同一个结构严谨的时钟的钟摆——得以体现。

钟摆若无法自由活动，摆动的幅度会越来越小，力量会大幅降低，人的思想也是如此，若无法自由，人的整个生命都会变得残缺和破败。

Chapter 02▶

观　察

▶ 自然给予我们的，和我们给予自然的一样多。

——凯瑟琳·海格

▶ 愚者从智者身上学不到任何东西，可智者从愚者身上却能学会很多东西。

——拉瓦特

▶ 一个人缺少洞察力，就算走过森林也看不到木柴。

——俄罗斯谚语

▶ 有些人踏遍整个欧洲，还没有别人从乡间走一趟学得东西多。

——约翰逊博士

▶ 在前行的道路上，你会发现世间的思想无处不在。

——以利·波利特

观察是一切有意识的生命的起点。“看他认真瞧那儿样！”这句话，常常出现在我们谈论某个婴儿的时候。我们将这句话拿出来，是想借此告诉大家这样一个事实——孩子开始对周边与自己无关的事物产生了兴趣。所谓观察，指的是“认真地看”、“留神地看”，是让大脑和眼睛一起看，所以他之前的看，仅仅是看，不是在观察。不少人几乎见过所有的事，却没观察到任何事。他们永远看不到事物的内在，一件事发生了，他本该由此获得某些感悟，可他从不努力让自己感受到它们，更不要说将这种感受保留下来了。

世上所有的男孩和女孩，只要眼睛没有问题，就能从外界学到很多知识。小孩尚未学会走路，就已经对自己看到的小世界有了极为明确的认知。因此，正确的观察习惯，会让每个聪明、活泼的孩子学会充足的、足以在成年之后扛起肩上重担的知识。

智力活动的外在表现就是灵动的目光和敏锐的观察力，而目光空洞、麻木和冷硬，则表明这个人脑袋空空。在身体中处于较高的位置，让眼睛可以更好地对发生在身边的事进行观察。所以，为了让这些通向灵魂的高速公路，时时都能将各种印记输送进去，学到更多知识，我们应该一直睁大眼睛。

只要我们眼睛、耳朵或者其他器官捕获到事物、声音或者别的信息，就不会轻易让其跑掉。作为一部永久的相机，眼睛会将每一张面庞、每一棵植物、每一朵花和路上的每个情景，以及一切可以看到的事物，在大脑的感光板上留下印记，并在大脑中留下底版供日后使用。我们为什么非常看重对观察力的培养？这不难理解，毕竟简单地看，可能会给大脑中留下错误的印象，而想为日后搜集到足够可信的信息，必须认真地观察。

人在青少年时期，大脑关注的事情少，可以为观察留下更多精力，且容易对常见的事物产生兴趣，所以培养观察力最好的时间段，毫无疑问，就是青少年时期。这些事物就在我们身边，在我们生活中所占的比重非常大。我们从经验中得知，只有1%的例外，人到了20岁就不会是一个优秀的观察者了。休·米勒曾经说过：“学生应该懂得如何正确地使用眼睛，即使是最寻常的事物，也有观察的价值，哪怕是石头、芦苇和最普通的动物。如此，等长大成人，他就已做好了对人和各种事物进行研究的准备工作，很容易就能获得成功了。”

魔术师乌顿曾经用了一个月的时间，专门对儿子的观察力进行培养。当他们在一家大型玩具店的橱窗前走过，会分别写下自己看到的各种玩具的名字。没过多久，他的儿子就成了这方面的专家，橱窗中摆放的40种不同的玩具，他只要看一眼就能写出它们的名字，轻松战胜父亲。

很多受过教育的人都对美洲印第安人的观察力深深叹服。一个印第安人回到家，发现晒在外边的鹿肉不见了。他认真地观察一番之后，进入森林中寻找小偷。路上他看到一个人，问这个人是否见过一个拿着短枪、带着一只短尾巴的小型犬、个头矮小的白人老头。路人说确实见过一个这样的人，听说对方并未亲眼看过自己所描述的这个人，他非常吃惊。他问印第安人，既然不曾见过，又怎么能将这个人描绘得这么详细。

印第安人说："这个人在偷鹿肉的时候，找了一块石头用来垫脚，所以他的个子必定不高；他迈出的步子很小，所以年纪应该较大；我说他是白人，是因为他走路时脚趾朝外撇，而我们印第安人从来不会这样；我说他有一把短枪，是因为他曾经将枪靠在树上，留下了痕迹；至于我为什么说他有一只小型犬，并且是一只短尾巴的小型犬，是因为这只狗的步幅很小，而且它在自己蹲坐的土地上留下了印记。"

诗人朗费罗在早期训练海华沙[1]时，曾对他的观察力做过详细的描绘。这些诗句，或许你尚未忘记：

那时的小海华沙，
熟知各种鸟语，
他知道它们的名字和每一个秘密，
知道它们夏天怎么筑巢，
知道它们冬天去何处避寒，
他会和自己遇到的每只小鸟聊天，
称它们为"海华沙的鸟儿"。

著名的人物，在每一片土地、每个时代都有，为什么他们能得到如此高的名望，因为他们实施了自己通过观察得来的想法。

曾经有人问一家大型商贸公司的老板，为什么雇用了一个如此没有学问

[1] 海华沙，15世纪北美印第安人部落传说中的民族英雄，易洛魁联盟的首领——译者注

的采购。他告诉那个人："我们的采购虽然写不好字，可是他能没有一丝错漏地看到出现在他视线范围内的所有物品。他每年采购的商品都在一百万美元以上，可是在我的记忆中，他的眼睛从未遗漏过任何一种商品的问题，总能发现是何种特质使得商品难以销售。"这位采购的强大的观察力，难道不是非常有价值吗？

认真的读者可以变成严密的思考者。这种人，对于任何地方、任何人都是有价值的。观察能让学习的人从书中得到更多的知识，让旅行的人从大自然中得到更多关于美的享受。年轻人若能快速探明他人的禀性，就不必因交友不慎而做出坏事或者蠢事，甚至人生尽毁了。

约翰·詹姆士·奥特朋

约翰·詹姆士·奥特朋在1828年出版了一本奇书——《美国鸟类》。这本书充分展现了年轻人通过观察力所能获得的成就。奥特朋热爱鸟类，并研究鸟类。他的父亲在路易斯安那有座种植园，他还是婴儿时，就在那里的橘子树下倾听嘲鸫唱歌，观察它们在树枝间跳跃的每个动作。稍稍大点儿，他就可以画下他看过的所有鸟类，他巨大的天赋不久就得以展现，于是他被送往法国读书。

他迫不及待、志趣高昂地开始汲取知识。有一年多的时间，他专门学习数学，可是只要有一点时间，他就要去法国的各个地方游览，用自己的眼睛和手指搜集、绘出各种鸟类。他非常刻苦，当他17岁离开法国时已经画下了法国的200种鸟类。他那时说："我之所以如此努力，并不是为了出名，是因为我天生就喜欢这个。"

有个故事，说的是他为了探明一对小鸟如何筑巢，每天躺在树林里的苔藓上，通过一种套筒式显微镜观察它们。林中的暗色遮掩着它们灰白色的羽毛，想要找到它们，必须以最认真的态度去观察。他工作得非常有耐心，三个星期之后，他终于得到了自己想要的答案，在他看来，自己的辛勤劳动得到了巨大的回报。

观察力让他获得了一生的快乐。小时候，他在田野中为寻觅自然的瑰宝而东奔西跑，年纪大了之后，他会在太阳升起时起床，然后走进他家附近的丛林中，去感受自然的美丽与奇妙。他之所以能成为一位著名的自然学家，正是因为他有坚定的信念，坚持不懈的精神，以及满满的热情。这一切都为他小时候养成近距离仔细观察的习惯，提供了极大的助力。他在观察时，除了用眼睛去看，还会对一切值得观察和记忆的事物进行研究。

简单地勾画过奥特朋的童年之后，我们会发现奥特朋性格中的几个主要的优点：观察力，以及对手和眼睛的训练。他长大后之所以能成为“美国最优秀的鸟类学家”，正是因为这些优点。在对自己喜爱的事物进行研究时，他所拥有的坚忍不拔的毅力和科学热情，让他能够无视探险路上的艰难险阻，勇敢地走进渺无人烟的蛮荒之地。

勤勉的工作，让他为后世留下了《美国鸟类》这本书。全书一共十卷，收录了 1000 余种鸟类共 448 幅鸟类插图，均由他亲手绘制，图中的鸟类和现实中的鸟同等大小。他还针对鸟类的习性，写了一本总共五卷的《美国鸟类档案》。至于《美国四足动物》这本书，是他在宾夕法尼亚的巴赫曼博士的帮助下写成的。这本书总共六大卷，书中的插图是他的两个儿子亲手绘制的。后来他又出版了一本和《美国鸟类档案》类似的《美国四足动物档案》。1851 年，他在位于纽约市的哈德逊河边的“奥特朋公园”离世，享年 70 岁。

Chapter 03

顺　服

- 爱让人顺服。

——T. 沃森

- 塑造意志力，是我们的生活目标。

——埃默森

- 管理的一项基本能力，就是知道如何顺服。

——卡莱尔

- 果断和坚定的顺服才是真正的顺服。

——弗朗西斯·卡尔斯

- 父亲孝顺，孩子就听话。

——威廉·佩恩

所谓顺服，指的是屈从权威，对自己予以合理地约束和控制。是做别人允许的事，不做别人禁止的事。从好的角度定义，顺服就是甘于接受指挥和控制的习惯。开发大脑的第一步是观察，同样地，塑造性格的第一步是顺服。地基对房屋有多重要，顺服对人生就有多重要。托马斯·卡莱尔有一句话说得不错，就是“我们每个人都注定要顺服，这也是我们共同的义务，不论在何处，不管对象是谁，要么弯、要么折。”我们总要有所选择。所以，对人生而言，尽快学会顺服，才是聪明的做法。

小孩子很快就会发现，自己是无法随心所欲的，必须考虑到别人的意见。

大人对于好和坏的看法，是这些意见的来源。因为经验不足，孩童无法完全了解在行动之后会有什么样的结果。所以，为了他们好，便不能任由他们做出损人不利己的事。在小孩子能够正确做事之前，大人一定要监督和引导他们的行为。顺服在家庭守则中占有非常重要的分量，是家庭融洽与安定的决定性因素。

真正顺服的人，只会毫不犹豫地听命行事，对禁止去做的事退避三舍，而不会去争辩、抗议，发表不同意见，或者拖拖拉拉、低声埋怨。威灵顿公爵对那个坚信自己无法达成其指令的军官说："先生，我是在命令你，让你听命行事，不是在咨询你的看法。"

有个故事，说的是有个十分优秀的上尉，在某次战事之后，和手下的军官谈论当天的战斗情况。他问他们那天表现得最出色的人是谁。有人说是某个战斗非常英勇的战士，有人说是其他人。那个上尉说："不对，你们全都说错了，今天表现得最出色的那个人，是那个已经举起胳膊准备给敌人以重创，但听到撤退号角后，马上放下胳膊，停止进攻的战士。这种时刻服从长官命令的行为，才是今天最出色的表现。"

这位战士的顺服非常重要，孩子的顺服也一样如此。爱和信任是毫不迟疑地顺服的基础。这点，在以下这个故事中表现得非常明显。在普鲁士，有位扳道工居住在两条铁道的交叉口。有一天，他正拿着操作杆给一列开过来的火车扳道叉，转身时却发现自己的小儿子在火车即将通过的铁轨上玩耍。当时火车头距离信号灯不过几秒钟的路程，他不能离开岗位，于是对着孩子大喊一声"趴下"。火车顺利通过。这位父亲冲向儿子的时候，还以为儿子绝无生还的可能。可这个孩子并没有死，因为他听见父亲的命令后立即趴了下来，从他身上驶过的火车完全没有伤害到他。第二天，国王派人接走了这个孩子，而且为了奖赏他的勇气，还赐了一枚奖章让他挂在胸前。

心甘情愿地顺服是爱的明证。"爱对于顺服，就像小鸟的翅膀或者船的帆，能将其送往成功的彼岸。爱的消退往往预示着顺服的消减，这时一切反抗行为都和爱没有关系。"

我们还记得有个故事，讲的是罗马的一位指挥官严禁手下军队和敌军厮杀，可他的儿子却第一个跳出来违抗军令。这个儿子杀死了前来挑战的敌军指挥官，并剥下了对方的衣服。然后将战利品带到了父亲的营帐给他看。可是在父亲看来，儿子的英勇正是对爱的亵渎。

我们为什么任由权威人士束缚我们而毫无怨言，因为我们爱戴他们。肆无忌惮地想做什么就做什么，或许会损害我们的健康，让我们脑袋空空，长大后成为懒惰自私的人，只会给别人带来麻烦，连自己都觉得自己是个包袱。接受父母和朋友告诫就容易多了，毕竟他们是希望我们获得幸福的。他们的命令看上去非常严苛，可全是为我们好，这一点，过去的经历已经证明了。所以作为报答，我们不妨开开心心地听从他们的安排。

人的意志在顺服支持下变得坚实、厚重起来。事实上，自由并不会像很多人以为的那样强化意志力，它会削弱意志力。遵行合理的原则，会让我们拥有道德力量。顺服难道是指我们要对强者低头？不，顺服是承认权威，因为权威的见解已经得到了认同。掌控大自然虽然伟大，但更伟大的是对人的掌控。而管好自己，就算遇到困难也一往无前，则是再伟大不过了。

有一天，一个人发现自己的朋友皱着眉头在研习政治经济学方面的书，他觉得非常吃惊，因为他的这位朋友曾经直言政治经济学枯燥乏味，自己绝不会靠近它们。他的朋友是怎么说的呢？“我现在的角色是自己的校长，正因为我不喜欢它，我才要读它。”

艰难险阻往往会成为我们的助力，不仅能让我们拥有更加丰富的经历，还能鞭策我们，让我们竭尽所能。拉斯金说：“为了表现被我们打败的困难将会成为我们的帮手，艺术家在刻画赫拉克勒斯的头部时，总是在它外面包裹狮皮，在它下颌垂挂狮爪。”

狂妄自大是顺服最大的绊脚石。一想到自己的生活要按照别人的意见和布置进行，就非常恼火，当这种情绪成了主要情感，如何能开开心心地顺服？我们不肯顺服的原因往往非常简单，即我们坚信自己是对的。

无知也会让人难以顺服。权势使人愉悦，顺服使人苦恼，这是一个我们非常普遍的认知错误。现实生活表明，发号施令的人往往心烦意乱，听命行事的人则通常能够过着自在安逸的生活。

懒惰也是顺服的敌人。我们贪图安逸，不愿意兢兢业业地工作，直到不顺服成了一种习惯，几乎不会引起我们的注意。而当我们必须改掉这种习惯时，我们会发现这是非常困难的。

进击的轻骑兵

在巴拉克拉瓦战役（克里米亚战争）中，有一则关于进击的轻骑兵的故事，我们一定听说过。这个故事是毫不迟疑、马上服从命令的明证。俄罗斯部队和英国及其盟军于1854年10月25日，在临近小镇巴拉克拉瓦的地方展开了一系列战斗。处于下风的英军在俄罗斯部队的进攻下，直退到自己占领的巴拉克拉瓦港口。在斯卡莱特将军的带领下，英军的重骑兵巧妙进攻，牵制了俄罗斯大军的攻击。就在此时，卡迪根伯爵因为误会了总指挥拉格兰男爵的命令，带着自己的轻骑兵冲向了巴拉克拉瓦山谷最北面的俄罗斯炮兵。

卡迪根伯爵并不是一个讨喜的军官，事实上，大家都很讨厌他。可是面对前方的炮兵和左右两边的敌军，接到命令的轻骑兵毫不犹豫冲向了这些致命的战争武器，并将敌人的装甲兵团打得片甲不留。670多名骑兵，活着回来的只有198人。毫无疑问，以战争行动而言，这非常疯狂，明眼人都知道这对他们毫无助益，可是从坚决服从军令的角度来说，这种行为却是让人钦佩的。诗人阿尔弗雷德·丁尼生为了记述他们这一不朽的传奇，写下了如下诗句：

一半的盟军，一半的盟军，
一半的盟军冲锋，
朝着死亡之谷
六百骠骑冲向前方。
“骑兵旅，前进，

向着炮火前进！”他说：
朝着死亡之谷
六百骠骑一往无前。

“骑兵旅，前进！”
谁会气馁吗？
无人气馁，尽管战士清楚
有人犯了错误；
他们不曾作声，
他们不问根由，
唯愿殊死搏杀；
朝着死亡之谷
六百骠骑一往无前。

他们左侧是大炮，
他们右侧是大炮，
他们前方是大炮
千万炮弹轰鸣震天；
他们策马向前视死如归，
冲向鬼门关，
冲向地狱之门
六百骠骑一往无前。

每个人的马刀都脱鞘而出闪闪发光，
冰冷的光芒在空中闪耀，
砍向那里的枪炮手，
杀掉敌人，

震惊世界；
冲向炮火，
直抵敌军阵前；
哥萨克和俄罗斯的战士
输给了白刃战
四散奔逃。
之后他们骑马撤军，可是
六百骠骑已经消失。

他们左边是大炮，
他们右边是大炮，
他们前边是大炮，
千万炮弹轰鸣震天；
猛烈的枪炮如同暴雨，
战马和勇士倒下了，
可他们打了场漂亮仗，
越过鬼门关
从地狱之门返回，
他们留下的一切
从六百而来的骠骑。

难道他们的荣誉会有褪色之日？
啊，他们发起过最勇猛的进攻！
震惊了整个世界。
荣誉来自他们的进击，
荣誉来自骑兵旅，
无与伦比的六百骠骑。

Chapter 04 ▶

坦　诚

▶ 真理往往埋在井底。

——古代谚语

▶ 坦诚而平等地对待事物的两个方面，。

——诺亚·韦伯斯特

▶ 晴朗的黎明来自阳光和真相。

——弥尔顿

▶ 唯有坦诚相见，才能管理自由的人民。

——C.B.扬

▶ 坦诚的孩童不怕父母。

——帕斯金

坦诚（candor）和率直（frankness）的含义非常接近，我们不妨一块儿学。这两个词的来处都非常有意思。“坦诚”源于拉丁语，含义是“变成白色”。“率直”一词则是从德国一个强大的部落——Franks演变来的，这个部落以崇尚自由、蔑视谎言而出名。“坦诚”是说人能以事实和正义为依据，没有成见和歧视地进行思考和判断；“率直”这个词则带有豪爽、直接和自由的意味。

坦诚并不如人们期待得那么普遍，尽管作为一种良好的品德，坦诚在任何地方都备受称赞。一些医生从不会和病人说，自己对于他的病毫无办法或者病人得去找专家治疗。一些律师从不和客户说他不可能胜诉。因此，坦诚在每个行业都极为稀少。

我们若不直接、简明地说出身边的真相，往往会造成重大的误会，甚至巨大的损失。

率直是诚实和勇气叠加的结果。它的益处主要由它和其他品性和环境的关系决定。简单来说，性格率直就是说一个人敢实话实说。很多男人之所以选择说谎，不够率直，就是因为他们对率直地说话办事的后果心存畏惧。

一个爱尔兰人忘了给房顶铺茅草。有一天，他在和一位绅士闲聊时，被问到："昨天是不是下雨了？"因为担心对方察觉自己的错处，他想遮掩一下，因此并未坦诚真实地回答，进而有了以下对话。绅士问："昨天是不是下雨了？"他回答说："昨天吗？""是的，昨天。""尊敬的先生，昨天我没在沼泽啊，把土豆放好就离开了。""亲爱的朋友，什么沼泽啊，我根本不知道你在说什么？我只是问昨天下雨了没有？""尊敬的先生，我是想早些把房顶盖好，可是实在找不到汽车或者马车。""你难道不能简单地回答一下我的问题吗？昨天下没下雨？""啊，是的，这个我骗不了您。昨天下雨了，12点之后下了很多，有好几场阵雨。"这种话任何人听了都会觉得难受，这不难发现。

我们眼下推荐的这种美德极有价值，因为时刻都能用到。不过我们一定要提防蒙骗欺瞒。有时候，自私的目的会潜藏在体贴的行为，笑容满面的表情和动听、谦卑的言谈之后。心胸狭窄、疑神疑鬼和人云亦云这些特性，不会出现在一个真正坦诚的人身上，除非换个大脑，否则他的言行必定是诚实的。

人们往往分不清一个人是率直，还是装腔作势。我们会看到新近出版的《查尔斯·达尔文的生活和信件》一书中，有几个非常典型的例子。书中，达尔文先生在追忆自己的童年时说："有件小事我一直忘不了，因为这件事让我的良心备受折磨，所以我也不希望忘记它。真奇怪，我自小就对植物的多样性有兴趣。我曾经告诉一个小男孩，想让报春花有各种颜色的品种，只要用对应颜色的液体浇花即可。这自然是个弥天大谎，我从未做过此种尝试。我得说，小时候，我非常喜欢编造各种谎话，这种行为让我精神振奋。例如，有一次，我上气不接下气地跑去告诉大家，我发现小偷将水果藏在了灌木丛中，其实这些水果是我从父亲种的珍稀的果树上摘下来，并藏到那里去的。”

为了证明书中的主人公并不是一个诚实和坦诚的人，达尔文又讲了下面这个故事。他说：“刚上学的时候，我一定非常天真。一天，我和一个叫加内特的男孩一起去蛋糕店，因为店员相信他，所以他没付钱就买到了蛋糕。出来之后，我问他为什么没给钱。他立即回答我说：‘你居然不知道？我叔叔给这个小镇留了很多钱，他说任何戴着他的旧帽子，并以特定方式移动帽子的人，都能免费拿走他想要的任何东西。’之后，他将移动帽子的方法告诉我，并跟我说，‘你现在想去那家蛋糕店吗？我的帽子可以借给你用。只要移动帽子的方式没问题，你就能拿走任何东西。’我开开心心地接受了他豪爽的馈赠。我走进蛋糕店拿了些蛋糕，在移动帽子之后就朝店外走。店员马上朝我冲过来，我扔下蛋糕，狼狈逃窜。让我吃惊的是，加内特——我的那个‘好’朋友，正在朝我放声大笑。”

一个喜欢装腔作势的女青年也做过相似的事。一次，有人在大庭广众之下问她看没看过莎士比亚的书。她做出一副吃惊的样子说：“我当然看过莎士比亚的书。它们一出版，我就看了。”

人们往往愿意向率直和坦诚的人给予尊敬与友情，并一直如此。一个察觉到自己有这种珍宝且确实如此的人，会知道这是一种比财富和名誉更重要的东西。当一个人失去了民众的尊敬和友情时，他也很快就会意识到这点。无论他可能取得什么样的成功，都不能放下心中自此承载的负担。不过，这种经历绝不会发生在诚实、自尊的人身上，他心中的幸福感将永远存在。

真正的坦诚带着一种男子汉的豪迈，它能直接让人拥有崇高的处事准则与行为。已经离世的威廉·P. 弗森登阁下曾经说过一番话，被人认为是在诋毁苏厄德先生。当他听说并发现自己的话确实容易产生歧义后，他马上去拜访苏厄德先生，说：“苏厄德先生，很抱歉我诋毁了你，我原本不是这个意思。”苏厄德先生见他利落且坦诚地向自己道了歉，态度十分诚恳，非常开心，他抓着弗森登的手大声说：“愿上帝保佑你，弗森登，你可以再诋毁我一次。”我国的年轻人不妨称赞、学习一下此处展现出的真正的男人的豪情。

斯坦利牧师

《汤姆·布朗的学习生涯》这本书非常有意思，每个聪明的男孩都喜欢它。书中有这样一个情节：小亚瑟很早的时候就在家养成了跪在床边祈祷的习惯，他在入学的第一晚，按照这个习惯行事，可是年龄大些的男孩全都笑话并打扰他。不过，更让我们在意的是，名声赫赫的亚瑟·彭林·斯坦利——生前曾在英国著名的威斯敏斯特教堂做过牧师——和这个名为亚瑟的小男孩非常像。亚瑟·斯坦利在阿诺德博士掌管学校后，成了第一批去学橄榄球的男孩中的一员。他天性坦诚和思维活跃那一面很早就显露出来。他毫不避讳地在大家面前赞扬校长的优点。阿诺德博士那时受到了民众的极力抵制，甚至被称为异教徒。事实上，阿诺德博士是一位禀性高洁的人，他同样具有思维活跃这一优秀品质，小亚瑟·斯坦利之所以能力出众，正是因为他的培养。斯坦利在树立名誉的过程中，他阐述见解时的率直、坦诚、直接、无畏，以及他纯真、“真实”的思想，还有平和、宽厚的性格，为他提供了很多帮助。他要求自己放弃成见，以客观的态度从各个方面去看待校园中的种种问题，这种能力无论是对他，还是对他所在的教堂，都很有价值。这些努力为他带来了巨大的号召力，他能成为伟大的宗教自由的守护者，正是因为这个。人生之中有三件宝物：真实、质朴与清白，不少人为了俗世的名誉和成功牺牲了它们。可是斯坦利并未如此，他坚守这些品质并让它们发挥效力，最终得到了远比同时代的大部分名人更大的成功。

竭尽所能地让人不犯错误，是坦诚和率直对人性最大的帮助。当然，对任何伟大的改革者而言，诸如勇敢、信仰和热情之类的其他品质也都必不可少。不过，以坦诚和率直为基础的自由的思想，最能让人发现机会并成为第一个尝试者。坦诚会让真正的男子汉倍感骄傲，让高洁的女性独具魅力，它象征着思想的崇高，是社会上最稀少品性，是对伪善者的嘲讽和打击。

Chapter 05▶

爱　心

▶　感恩是心灵的乐章。

——罗伯特·南

▶　铭记是感恩的最佳方式。

——J.J.帕斯雷默

▶　道德规范中有两个因素不可或缺，即爱和理性。

——富勒

▶　再没有比严寒中的真爱更炽热的了。

——斯维诺克

▶　头脑中的眼睛数以万计，心中的眼睛只有一只，可是整个生活黯淡无光，因为爱情之火已经熄灭。

——F.W.鲍迪伦

爱是影响性格形成的最大要素，而感恩则是爱的最普遍的一个表现方式。爱会让我们变得柔软，爱护周边的一切生命，感恩则会让别人变得柔软，爱护我们。

关心之情是所有年轻的男孩和女孩都该努力拥有的情感，我们应该注意自己的每个言行举止和每个眼神，以免给别人带来不必要的刺痛。可是，在这方面，不少年轻人并未接受过良好的教育，他们给必须接触的人添麻烦甚至造成苦楚，并以此为乐。若只想玩笑一下，问题不大，但若养成了这种不良习性，就麻烦了。任何人，特别是年轻人，想要拥有自尊并获得他人尊敬，务必不能养成此种习惯。

下边的这个故事你或许曾经听说过。一个年轻人和他的老师一起在外边散步，他看到一个工作中的穷工人将鞋子放到篱笆下，高兴地喊道："他若是发现鞋子不见了一定非常吃惊和激动，那多有意思啊！让我们把他的鞋藏起来，躲在篱笆后边偷看吧。""还有一种更好的娱乐方式，你要看看吗？"老师说,"你可以放一张纸币在他的鞋子里,然后偷看他发现钱时吃惊的表情。"年轻人听从了老师的建议。然后他发现，贫苦的工人在发现鞋子里的钱之后露出的愉悦和惊讶的神情，一样让他觉得非常有趣。

人人都知道何为感激之情。"谢谢你"这句话我们说过很多次，每当我们收到礼物、获得帮助，便由衷地生出一种感激之情，可是那些在我们的生活中为我们提供了最大帮助的人，总是轻易就被我们遗忘了。只要我们停下来想一想，就会发现我们能为自己做的事，远比不上别人为我们做的。

我们亏欠父母多少？世界上还有比人类的婴儿更无法照顾自己的动物幼崽吗？你觉得失去照料的襁褓中的婴儿，能撑多长时间？如果没有早年父母对我们无微不至的照顾，现在我们当中还有多少存活于世？我们应该感谢父母对孩子的细心抚养，但是相比于这种表面的帮助，我们更应该感谢的是父母教会了孩子什么是真实，什么是仁善，我们最好的老师莫过于尽心竭力的父母。在回忆儿时接受的家庭教育时，那些最优秀和崇高的人物，通常充满了感激之情。

时光或者疾病的摧残可能让父母变得焦躁或怨愤，这时，子女应该因为对父母的爱而变得更加温和、体贴。只知索取，不知回报的爱，算不得爱。

我们有时会听到老人孤零零地死去或者被子女遗弃、没人关心的消息。这些看上去十分值得同情，让人想起来就难过的老人，年轻时往往不懂得爱人。"有朋友的人必定待人和善。"一个有过朋友、懂得爱护他人的人，到了人生的最后关头，必定会得到细心的照料。可是真正的爱并不期待报答。因为我们必须去爱，所以我们才会去爱，一个想要获得爱的回报的人，永远不会去爱。想让别人幸福的心，让我们为他人提供帮助，渴望别人帮助的人，是不会去帮人的。

善良和宽容也十分重要。不管是弱者，还是新人，或者出于某种原因——无论什么原因——被疏忽的人，都该得到我们的关爱。看到别人蒙冤，我们应该见义勇为。看到别人处境艰难，我们应该宽厚地予以同情。

借助所有这些办法，男孩和女孩以后会成为什么样的人，从他们的玩闹中就能看得一清二楚。拿破仑在军校念书时，有一天他和大家一起玩战争游戏。他们之中一部分人负责守护要塞，剩下的人负责攻打要塞，拿破仑是进攻方的指挥官。双方交战正酣，忽然传来一阵号角声，一队来学校视察的军官走了进来。防守要塞的男孩们忘了正在游戏，起身去看这些军官。镇定自若的拿破仑则抓住对方失神的机会，让己方继续进攻。等防守那方反应过来，要塞已经丢了。后来的那个在真刀真枪的战场上能够化险为夷、力挽狂澜的常胜将军，此时就已经存在了。

沃尔特·斯科特爵士在我们眼中，从来都是一位十分善良的人。可是爵士小时候，有一次看到一只狗向他冲过来，捡起一块石头便扔了过去。石头砸断了狗的一条腿，这个可怜的家伙仍旧爬向他，还用舌头舔他的脚。后来他说："我从未忘记过这件事，它带给我的回忆最为苦涩。"他从那时开始，决定不再伤害任何动物。众所周知，他并未食言。在他创作小说的过程中，一直有心爱的狗陪在身边，比如梅达、尼姆罗德、布兰。梅达死后，他在房前为它立了一块碑，上面还有一个雕塑。

我们知道，男孩向动物扔石头，往往并没有恶意，只是一种玩闹的举动，可是一个心地善良的男孩，若是伤害了动物或人，他会觉得这种后果难以承受。通常来说，对动物凶残的男孩，早晚会对女人和小孩施以暴力；总是忘记给小猫或金丝雀喂食的女孩，长大之后，忽视自己孩子的可能性也更大。

50年前，曾有一个名为梭罗的奇人生活在马萨诸塞州，他对各种各样的动物十分感兴趣。他在瓦尔登湖畔盖了一所小屋，和鸟儿，还有别的动物共同生活了两年多。听人说，蛇也喜欢他，就在他腿上盘着；被他从树上拿下来的松鼠，会将头藏在他的马甲里；河里的鱼也认得他，任由他将它们从水里捞出来；他在手中放上奶酪，就会有木鼠过来吃。这些生活在野外的小动物之所以会被梭罗吸引，是因为梭罗喜欢它们，动物对于爱的感觉和人并没有什么不同。

改善世界各地的监狱环境，是约翰·霍华德的终生追求，最后他因斑疹伤寒只身死在了俄罗斯。他未竟的事业由英国人伊丽莎白·弗莱和美国人多萝西娅·迪克斯继承。这些高洁的行善者对苦难者满怀关爱之情，且不求回报。他们用自己的一生去帮助那些被忽视、被遗弃的人，他们以宽广的胸襟承载了整个世界。人们永远不会忘记他们的名字和善举。

表达善意的方式主要有两种。首先是我们说的话。知道我们心存感激，曾经为我们提供过帮助的人必定非常开心，这几乎是他们对我们仅有的要求和期待。这不仅对他们有好处，对我们也是一样的。这是一种恰当的表达方式，它可以让我们的感情更丰富。一个人没有爱，又怎么能看见爱。听到对方的感激，我们心中也会生出同一种情感。

其次是我们做的事。那些礼遇过我们的人虽然没有其他期待，可我们若对他们真的心存感激，就不会只说一句“谢谢”就满足了。我们会期望帮助到他们。比如父母，我们若和父母一起生活，怎么做最合适？开开心心地听从他们的安排，刻意实现他们的期许，尽可能地像他们期望的那样永远纯真、善良最为合适。

亚伯拉罕·林肯

亚伯拉罕·林肯小的时候很穷，年轻时更是历尽艰辛。可是，很多善良的朋友在他和贫穷抗争时帮助过他。他在少年时期有个名叫杰克·阿姆斯特朗的朋友，他来自伊利诺伊州的新塞勒姆，他的妻子是一个善良而真诚的人，曾经多次如同慈爱的母亲一般关照林肯。她做衣裳给林肯穿，“做饭给他吃，林肯则摇着她的孩子，送他入梦”。多年以后，林肯顺利地当上了律师。他的老朋友杰克·阿姆斯特朗去世时，他在斯普林菲尔德的工作才刚刚起步。那个曾经被林肯抱在怀中摇晃的婴儿，如今已经长大成人，成了一个身强体壮却放荡不羁的家伙。他因杀人罪被捕入狱。这个孩子走错了路，他的母亲，林肯口中的“汉娜婶婶”为了他痛彻心扉。她怀着悲伤的心情找“崇高、善良的艾贝”求助。她的请求打动了林肯宽仁的心，让他热泪盈眶。他从未忘记过汉娜对他的帮助，无论是他成功之前，还是成功之后。为了报答汉娜，偿还当年的恩情，他决定免费为汉娜的儿子辩护。

“汉娜婶婶”坚信自己的儿子没有罪，是有人见他恶名远播，便想让他做替罪羊。当时的情况是：小阿姆斯特朗和几个放浪的年轻人一起醉得一塌糊涂，在混乱的打斗中，一个名为麦茨加尔的年轻人被杀死了。听到这个情况，林肯认为小阿姆斯特朗确实是无辜的。他决定要竭尽所能救下他。

法庭接受了林肯延迟审判日期的建议。为了报答当年的恩情，他花了大量精力去寻找证据，专心致志地工作，就像这个案子是可以收取 5000 美金律师费的大案一般。

审判那天，为了保住当事人的性命，林肯全力以赴，成功地拿出了小阿姆斯特朗清白无辜的证据。他的结案陈词极具说服力，称得上杰作。他告诉大家，当事人的母亲已经失去了丈夫，她是那样的孤单、痛苦，她的丈夫曾经热情地让一个素不相识且一穷二白的男孩走进他的家。“现在站在大家面前为恩人的儿子进行辩护的，就是那个男孩。”

当陪审团的裁决结果公布：“无罪！”人潮汹涌的法庭霎时欢声雷动。那位老迈的母亲挤出人群，走到林肯面前，眼泪滚滚而下，想要感谢他高洁的行为。

几个月后，林肯去看望汉娜。她拿律师费给林肯，并要求他一定收下。“啊，汉娜婶婶。”他大声说，“我一分钱都不会跟你收的，绝对不收。我可以为你去做任何你想让我做的事，什么报偿都不要。”

一个人真的心存感激，又怎么会遗忘。越是诚实的人，就越懂得感恩。林肯将感恩视为“价值连城的宝物”。它让林肯成了一个真实、崇高的人，让林肯赢得了美国人民的喜爱。美国人民直到今天仍旧认为，林肯是我国历史上最宽容、最明理的人物之一。

Chapter 06 ▶

快 乐

▶ 最有益于健康的就是快乐。

——爱迪生

▶ 我们想要的，是一边工作一边唱歌的人。

——卡莱尔

▶ 没有快乐的时光，就像没有阳光的拉普兰的冬日。

——科尔顿

▶ 一磅的悲伤也比不上一盎司的快乐。

——富勒

▶ 一年赚一千块也比不上遇事乐观的习惯。

——休姆

我们既然喜欢和快乐的人在一起，又怎么能不考虑快乐的本质是什么呢？事实上，快乐是一种人人都可以养成的习惯，可我们总容易忘记这点，因为我们会看到有人生就快乐。自身的努力，往往在很大程度上决定了一个人是否能拥有快乐的性格。为什么有些人可以生活得既光明又愉悦，让我们羡慕不已？因为他们年轻时就养成了遇事乐观的习惯，而且在年龄的增长中坚持如此，于是，快乐就成了常态。

无论多小的事，都能帮助我们形成此种习惯。你听过下面这个故事吗？一个小女孩正在吃晚饭，忽然发现自己的汤勺上闪动着太阳金色的光芒。她将勺子放进嘴里，然后高喊：“啊，妈妈，我吃了一大勺阳光。”有些孩子就算受到惩罚也会满心欢喜，下面这个故事说的就是这个。小查理因为太过顽皮，被妈妈关了一个小时禁闭，地点是厨房装木柴的木箱。可是他很快就将那里的木渣当成了玩具，玩得开心极了。这时，一个邻居来到他家，路过厨房时大喊：“查理，你在干什么？”“没什么。”查理说，“没事，妈妈刚才发火了。”

快乐中有一种思想状态名为幸福，如果要对它加以刻画，那么最好的说法就是，隔绝一切和病态、伤感、苦闷、怨怼有关的情感。快乐的最佳状态，表现为脾气好和秉性纯良。这一方面取决于善良的天性，一方面取决于对人天性纯善的信念。它和幸福中间往往没有任何隔阂，可以看到“草地中的光芒、花朵上的太阳”。它鼓励幸福的思想和安定的生活。它不但会让持有者拥有幸福，还会让他人得到很多的欢乐，所以它虽然不需要本金，却千金难买。

快乐对大脑和身体也有好处。它可以安抚一切焦躁和埋怨，让激动的心情平复下来，让灵魂永远安宁。不妨拿出一天来试一试，让自己的思想状态处于轻松、愉悦之中，然后和怨愤、彷徨的一天进行比较，你会看到你的心已经对一切善良的动机敞开了大门，你的生活充满能量，你的改变会让你感到惊讶，你的努力将得到巨大的回报。

歌德曾说：“找一个举重若轻，用快乐的眼睛去看待大事的人吧。”卡莱尔曾说：“踏着音乐的节拍前行，会让人忘记疲惫。”传言，绕着天体旋转的星星运动得十分协调。快乐的力量实在让人惊讶，　而且出乎我们意料的持久。快乐的心态是一种光明的精神，快乐让人优雅，光明让人美丽，所以若是想让我们的努力具有长久的效果，一定要坚定不移地秉持快乐的心态。

我们若想晚年快乐，年轻时就该多拥有一些快乐的精神。始终快乐纯真、秉性温和的人，往往是世界和平与幸福的捍卫者，以及向四周传递感恩之心的人，是极有价值的。

“以仁善之心吐出一个微小的词，

一个举止或一滴泪，

就能将一颗破碎的心治愈

获得一个真正的挚友。”

财富多寡并不是快乐的决定性因素。有一个波斯故事，大意如此：一个伟大的国王因为精神状态不好，去向占星师求助。占星师告诉他，只要找一个最幸福的人，穿上他的衬衫就能获得幸福。于是，国王让人对皇宫中的每个人和所有富裕的人进行考察，可是一个合适的都没有。最后，他们终于找到了那个最幸福的人——一个劳动者。可是解药仍然咫尺天涯，因为这个人太穷了，根本没有衬衫。

在古罗马皇帝尼禄身上，也能看到这个道理。历史上还有谁能像他一般为了个人的欲望而耗尽全国之力呢？上至元老院的元老，下到卑微的奴隶，国家的每个人都要臣服于他的王座。他的金库不停地吸纳外省的庞大资产，他可以随心所欲地花钱，任何人都不敢加以斥责。这位帝王具有绝对的权威，他个人的意愿可以决定上百万人的生死。他 17 岁登基，做了 15 年的皇帝，期间一直在千方百计地穷奢极欲。没有什么事是它没碰过、没尝试过的，最后，再没有能够刺激他的味觉，让他充满激情或者感到快活的东西了。罗马大火之后，他用黄金为自己打造了一座宫殿。他说：“这才是人住的地方嘛！”可是，天啊，他追逐幸福的努力不过是白费力气。在他人生的最后那几年，他没有一天是安乐的。最后，愤怒的民众举起反旗，他迫于无奈藏到了一个破房子里，吓得浑身发抖，就像一个怕事的胆小鬼。他可鄙的人生终结在一个奴隶手里，这还是他求来的。

爱迪生有一篇文章非常有名，他在这篇文章中说：“我认为欢乐（mirth）不过是短暂的一瞬，快乐（cheerfulness）却是一种思维习惯，所以相比于前者，我更喜欢后者。欢乐如同一道割裂乌云的闪电，虽然明亮但不长久；快乐却可以让人的精神一直在阳光下徜徉，让人获得永远的安宁。”

在很大程度上，身体状况都是快乐和良好的精神状态的决定性因素，有很多事都能改善精神状态。“打不起精神的人，应该在生活中多留一些空间给快乐，可以在墙上挂上照片和图画，在闲置的地方放一些漂亮的装饰品。落地窗能让你坐在屋中就看到外边的趣事，不妨装一块，更要紧的是篝火，只要天气合适，就点上篝火，对于培养良好的精神状态来说，所有这些都很有用处。”悉尼·史密斯说，“另外，只要不会对健康造成影响，不妨多放些食物。男人可以干一些手工活儿，比如，修整花园、做些木匠活儿或开车床。女人手中的活儿向来不少。这是重要的快乐之源。”至于小孩子来说，干净的空气、休闲娱乐和户外活动，都是能帮他们赶走忧郁情绪的绝佳利器。

悉尼·史密斯

个性高洁的人会怜悯穷人、同情受苦的人，会为遭遇不幸的人提供帮助，用和善的态度来对待每一个人。这是一种阳光般的温暖，他走到哪里，这种温暖就会出现在哪里。鲜花的色彩来自阳光而非云朵，满天的乌云也没有一束阳光有价值。

悉尼·史密斯就是这样的人。这个英国人 1771 年出生，1845 年离世，他是一位牧师，也是一个出色的作家。他的性格如同阳光，他的才华备受瞩目，而他的善良和他的才华一样有名。他讨厌不公平，他赞颂美德，他拆穿骗局，并以笑容面对苦难。他一边将基督教的欢乐福音传递给世人，一边亲身加以实践。

史密斯为《爱丁堡评论》的创立贡献了自己的力量。报纸头版上的这句大实话：“我们文学工作全靠一点儿麦片支撑。”就是他建议放上去的。穷但快乐，就是他性格的写照。他成了名人，和麦考莱一起被人称为“伟大的雄辩家”。想要结交他的人非常多。他来伦敦发表有关道德哲学的演讲时引来了大量的民众，上流社会乘坐的马车将街道堵得水泄不通。他所经之处光芒万丈，他的文章中所显露出的人际关系向来都是友善和进步的。

当生活中出现麻烦，他从不会对苦恼加以青眼，他不让自己沉浸在有害的思想、不好的预感或愤懑的情绪中，也不让身边的人如此。他写给女儿的信，说的就是这个意思："我现在这个位置并不是我的选择，但我决定去适应它，并喜欢上它。相比于埋怨自己成了弃子，或者装出一副喜欢的样子，这需要更大的勇气。"他最喜欢说的话是"让我们将房间点亮吧"，意思是说，将阳光放进来，将阴影赶走。

通过下面的故事，我们可以对他快乐活泼的性格有所了解。一次，在他和很多名人一起吃晚餐时，一个法国科学家大声宣扬无神论，说自己坚信上帝并不存在，这引起了席上的其他人的一致反感。悉尼·史密斯说："这汤味道真好。"那位无神论者回答说："是的，先生，汤很好喝。"史密斯说："祈祷吧，先生。"接着又说，"你相信厨师吧？"一盎司的智慧比一磅的争论更有用。

因为此种天赋而名扬天下且一直被传颂到今天的人并不多，他就是其中之一，而比这个更值得我们认真研究的，是他的事业。

Chapter 07 ▶

爱 美

- ▶ 美丽将永远存在。

——金斯莱

- ▶ 永恒的快乐是一种美丽的事物。

——济慈

- ▶ 对美的热爱，是每个健康者不可缺少的天性。

——拉斯金

- ▶ 美感之所以存在，是因为有美感。

——赫希博士

- ▶ 看是眼睛存在的理由，美是美存在的理由。

——埃默森

让学生对美有热爱之情，是公立学校近年展开大量“性格研究”的一个首要目标。自然之美和艺术之美会让我们的感官产生满足感。或许会有人问：“为什么人们会喜欢这种形状和颜色，讨厌那种形状和颜色？”这个问题，按照美国人的方式，可以用另一个问题作答，就是“为什么你喜欢糖却不喜欢苦艾”？此外，我们不得不承认，自然和艺术带给有知识的人的快乐要多一些。

这是事实，这点我们从一个小女孩的话中就能看出来，这个小女孩是公立学校的一个低年级的学生。当她上过一小段时间的植物和矿物课之后，她走到老师面前说：“现在我们去水库可以玩得十分开心。在没学植物和矿物课的时候，我们也去那儿玩过，可是除了坐在那儿东张西望什么都做不了。现在就不一样了，我们发现值得一看的好东西非常多。我们认识了植物和矿物，若能找到新物种，那得多开心啊！”就这样，这个孩子的爱美之心被巧妙地激发出来了。

自然之中的美景随处可见。春天绽放的不计其数的鲜花是美景，摇曳的枝条和绿草是美景，置身于大地和海洋深处，光华闪烁的彩色贝壳和宝石也是美景。而在这些小东西之外，大海、高山、云朵、天空、星辰、日出和日落——无一不美轮美奂。宇宙是它的殿堂，那些生来追逐美的人，只要抬眼就能发现环绕在周边的美丽。美丽是珍贵的，它给我们的快乐和我们最高尚的情感十分契合，如同一种仰慕，既圣洁又清雅。不过，很多人明明被美层层环绕，却几乎看不见美，就像美是租住在地下室的房客，只要想到此处，就让我们伤心欲绝。

任何人都不该疏远自然之美，它会让人得到丰沛的快乐之源，所有这些自然界都能给我们，而且能让我们在这方面富足起来。不管是一条虫子，还是一片在秋风中欢快落下的树叶——那是一片既有研究又有欣赏价值的珍贵树叶——我们都不会去踩。孩童会将手中的玫瑰花撕扯得支离破碎，用脚轻易踩死会飞的昆虫，他们损毁的这些自然的杰作，即使人类最优秀、艺术水平最高的能工巧匠也做不出来。

建筑学是人类审美观最早的表现形式之一。人类的这种对美丽建筑的喜爱，在文明国家发展得非常迅速，不过它在最初的时候是非常简陋的。拉斯金曾经说过：“一切出色的建筑都彰显了民族生活与个性，都来源于对美的长久而热切的渴望或喜好。”

如果喜欢的只是一张图片，那并不涉及人的道德品性，可如果喜欢的是一切美丽的图片就不一样了。一个大艺术家的一幅美丽画作、一件希腊雕塑、一枚珍贵的钱币或一幢宏伟的建筑，都能让欣赏者长久地处于快乐之中，所以都是美好的东西。

我们不能因为一个人不热爱自然就批评他，可是一个热爱自然的人，必定心地纯善，虽然这并不能直接证明这个人的品德。这种爱有多浓烈，或许取决于高洁和美丽在人的性格中所占的比重。

一个伟大的艺术家曾经说过，优秀的鉴赏力是一种必备的品德。无论对方是谁，他脑海中最想问的问题都只有一个——你想要什么？我可以通过你的回答，判断出你是哪种人。

我们不妨测试一下这个论断的正确性。假设你走在大街上，问你看到的第一个人他想要什么。他刚好是个衣不蔽体、走路都困难的人。他尽量挺直腰板，有些气短地说："一个烟斗和一夸脱啤酒。"你能从这个答案中判断出他是什么样的人吗？这时，又过来一个金发的小女孩，她蓝色的眼睛中流露出温柔的光芒。"小姑娘，你想要什么？"她说："金丝雀，我想让它在花丛中跳来跳去。"接下来是一个小男孩，他双手满是污泥，额头很低。"你想要什么？""我想要石头，我要用它打松鼠。"当我们掌握了很多人的喜好，我们确实能够探明他们的性格，用不着问更多的问题了。

一个和你有着相同喜好的人，必定和你有着相同类型的性格。你可以让他去做别的工作，可是相同的喜好，会让他本能地不愿意听你指挥。

莱辛[1]听到有人大力称赞某个年轻女性长得漂亮，不由得问："你说的美，是哪种美？肉体还是心灵？在我看来，你只在意屋外的自然景致，却不关心住在屋子里的那个人是谁。上帝将美丽作为礼物送给我们，可是很多年轻貌美的女孩，却像那种被称作'皇冠'的花朵，人们喜爱它华美的外表，却受不了它难闻的味道。她的外表没有雀斑和皱纹，难道她的思想也全是优点，没有骄傲、自私、轻佻和虚荣？如果能好好地约束自己心中好恶，就像修饰自己的外表一般，那她的美丽才真的举世无双。"

审美能力一方面可以让我们拥有更多幸福，一方面还能提升我们品德。美丽不仅可以抚平我们的焦躁，还能为我们驱离烦恼。走进田野或丛林，让

[1] 莱辛，（Gotthold E.Lessing,1729—1781），德国知名学者。

高山或大海陪我们度过一个夏日，一切的疑虑和烦躁都会消失无踪，蒙昧的畏惧和狭隘的妒忌会在甜美的乐声中远走他方。在自然之美的帮助下，我们可以重新拥有善良的人性之美。

热爱美好的事物，会让我源源不绝地获得幸福。大画家勒尼奥的寿命确实很短，可是他体会到的真正的快乐，却远比众多感知力有所欠缺的人多。他的眼睛能够捕捉到一切美丽的事物，因为他对色彩和比例的感觉十分敏锐。我们必须做好类似的“准备”，才能好好地享受身边的美丽。

我们能在自然景色或者艺术的交流中得到多少，在很大程度上，要看我们为此种交流做的准备工作有多少。我们若是对美丽缺少感知力，那么我们连注意到形状、色彩、优雅的运动和美妙的乐章都很难，又怎么会对它们加以欣赏品鉴呢？罗威尔的诗，非常有道理：

想要认识美，先得创造美。
男人、女人和自然，均是镜子。
里面映着的，从来都是自己的影子。

阿尔弗雷德·丁尼生

阿尔弗雷德·丁尼生是英国最伟大的诗人。他在创作之初就非常喜欢美好的事物。他在七八岁的时候，就在石板上写下了《园中之花》这首诗，这是一首有自己的主题的诗，也是他最早的作品。他是个喜欢幻想的男孩，常常躺在草地上，鸟儿在他身边的灌木丛中欢声歌唱，水牛在屋旁波光粼粼、只及膝弯的溪水中低鸣。

他尚处于孩童时期就已经是个非常认真的观察者了，这点你只要看看他躺在树下聆听鸟儿优美的歌声时所作的诗篇，就能知道。他的作品向来很少出错，这得益于他熟知家乡土地上的每一种植物、每一朵花的生长过程。他描绘动物生活所用的文字不仅逼真、熟练，还十分精准和优雅。他不是天文学家，可是任何读过他的诗的人，都得承认，他认真地观察过星空。他描绘云景的功力虽然比不上雪莱，可是我们都知道，他为了欣赏天空中快速移动、千变万化的云朵，常常在法林福德的下游，一躺就是几个小时。他的快乐主要来源于丛林、溪水和花丛，他会在漫无边际的幻想中度过宁静的时光。有时，他会在野外待上好几周，顺着某条波光粼粼的小溪，或者海陆交界处的沙滩，一边漫步一边沉思，走出几英里去。

他描绘的景象真实得如同照片一般，而且仔细地保留了大自然的动态及盎然的生机。白云与阳光、狂风与轻风、浪涛的咆哮声与溪水的流动声，雷的气势磅礴与松柏的窸窸窣窣，他的诗包罗万象。田地与栅栏，花与草，黑暗与清晨的各种形态，都被他用笔清晰地记录下来。他在贴近生活的基础上，广泛地研究各种美好的事物，他的成就并不比任何一个先辈逊色。他对美好事物的外表有着十分灵敏的触觉，就算儿时的记忆也会在脑海中留下一些痕迹。

Chapter 08▸

好　学

▶ 灵魂，以知识为眼睛。

——T. 沃森

▶ 所谓常识，就是对寻常事物的认知。

——M.C. 彼得斯

▶ 探寻真理是伟大的，找到真理是美妙的。

——悉尼·史密斯

▶ 很多人之所以失去钱财和性命，是因为不清楚自己可以做什么。

——J. 斯尔普尔斯·怀特

▶ 得到的财富越多，就越渴望财富，知识也是如此。

——斯特恩

“再没有比无知更需要成本的了。播撒的种子不对，种的地方不对，选择的木料不对，买的票不对，上的车次不对，写的地址不对，或者吃的药不对——我们犯下的错误，就算有钱也无法挽回。”这是一句很有道理的话。

任何人都没有资格吹嘘自己的学识，因为当一个人真的处在某种状况或情况下时，他往往会发现，自己对这样或那样的事物了解得太少。这是一个事实，任何人都不能睁着眼睛否认，或者摇头表示不承认。可是，若想不在某个方面表现得像是一个不知所措的孩子一般，所有人都得竭尽所能地学习日常生活中的种种知识。事实上，勤劳、机敏的人有将一切知识变成优势的能力。所有的花都可以分泌花蜜，可是这些花蜜中尚有苦涩的成分。蜜蜂能够顺利地满足自己的需求，靠的就是握有剔除苦味的知识。

学习的过程就像一条河，一开始水流清浅，轻易就能看得清清楚楚。可是在它不断前行流淌的过程中，两岸数以千计的溪流接连涌入，它宽度和深度都在不断增加，最后波涛汹涌地冲向大海。学习也是如此，起初进度非常小，几乎看不出来，可是随着学习的内容越来越多，越来越宽泛，最后，最富有智慧的人也会发现自己无法掌握一切。

艾萨克·牛顿爵士意识到了这点。他的科学发现是如此的伟大，可是他在完成这些工作之后却说："我并不清楚大家是如何看待我的，若问我自己，我要说我不过是一个在海边嬉戏的孩子，看到一块光滑的石头或者一个美丽的贝壳，就欣喜不已，却从未探寻过我面前的真理之海。"

现在要是哪个地理学家说自己从没听说过美洲，就算10岁的孩子也要笑话他，可是地理学家斯特雷波在1800年前，却是有名的学识渊博。你觉得，1766年最优秀的化学家或者地质学家，如今看着如何？真相是，人们对每种科学的了解都在不断加深。每一代人中既有优秀的又有平庸的，可是将后世的平庸者放到过去的优秀者面前，你会发现，他们也成了优秀者。

在学习的过程中，我应该尽可能地将知识吃透，这非常重要。浅尝辄止往往会让我们做错事。一个旅行者穿行在一片茂密的森林中，看到一个奇形怪状的巨大橡树，觉得不太美观，便说："如果这片森林是我的，我肯定把这棵树砍了。"可当他爬上山顶，俯瞰整个森林时，却发现在整片风景中，最美的地方就是那棵树。他感叹说："我真不该只看到一部分就妄下定论。"在我们评判某件事时，既要从全局的角度出发，又要保证事物间关系协调一致，这非常重要。

沃尔特·A. 伍德能够成为富豪，并进入国会成为议员代表纽约州发言，他绝佳的商业头脑功不可没。有报道显示，他曾经说过这样的话，"我愿意用5万美金来换上大学的机会。"因为他发现自己的能力和那些受过更多教育的人比，有所欠缺。据报道，查希·M. 迪普也曾经说过："我一生见过的所有成功者，无论成就多大，只要是白手起家的，无不坚信教育上的欠缺会让他感到自卑。他们认为教育上的优势不仅对生意有益，更是人际交往中切实需要的东西，所以下定决心不让自己的孩子在这方面吃亏。”

知识、智慧和理解是不一样的。不过第一个是后两个能够达成的前提条件，就像想要收获小麦，就必须有种子和耕种技巧一般。理解指的是对事实的正确运用，事实是知识的基本元素，知识是智慧的基础。有很多人知识渊博，却缺少智慧，能力不足；还有很多人，知识虽然不够丰富，却可以巧妙地运用已经掌握的知识。性格源自知识，知识结出智慧。

大多数伟人的一个共性就是热爱知识。他们喜欢知识，也愿意为了获得知识而辛勤劳动。下面的例子就是这样：无论春夏秋冬，吉本每天早上 6 点一定会去书房读书。传言弥尔顿像勤劳的记账员一般坚持读书。伟大的画家拉菲尔去世时只有 37 岁，可他的艺术造诣却非常高，无人能及，这正是因为他勤于学习，为后人树立了榜样。这样的人成功了，人们便说“他是天才”。可是，正像我们看到的那样，他们成功是因为他们热爱知识，愿意竭尽所能地获取知识。

不管是对我们自己，还是对他人，只要是有帮助的知识，就是有用的知识，而最重要的知识，就是最有用的知识。有些人一生都在汲取知识，因为他们相信知识比财富更重要，知识更能让人获得满足感。当求知的人了解到历史上的惊世之举，掌握各国兴亡更迭的原因，或者探明自然的奥秘，他们会开心很久。另外，大脑的运动会让人获得极大的满足感，这是人类过往的经验已经证明了的。

相同的原理往往也体现在那些看起来不值一提的小事中。伦敦有一个喷泉，开关是一个隐蔽的弹簧。有一天，伦敦的主教想喝泉水，可是没人知道开启喷泉的办法。最后，一个又矮又脏的鞋匠走过来，按了一下弹簧，泉水马上喷涌而出。他能得到机会为大人物效力，正是因为他比主教更懂喷泉。

当智者无视道德准则，知识力量的属性就会变成恶的。有人曾说，教育能够清空监狱。可是，不管是用科学下毒的人，还是用科学骗人的人，最高明的罪犯无一不是受过良好教育的人。近来，有人斩钉截铁地说：“如今有这样一种比试，对峙双方，一方通过科学进行防御和测试，一方通过科学作恶。”

对知识判断标准不同，造成了性格上的差异。说到底，相比于拥有什么，更重要的是他是一个什么样的人。信息的累积哪有灵魂的善恶重要？人的精神本质才是最终结果。它会让智慧的辛劳与结晶理所当然地作用在崇高的事情上。不要抵制学习，你学会的东西会为你带来丰厚的回报。

亚历山大·范·洪堡

为了深入探讨这一问题，我们不妨简要地回顾一下亚历山大·范·洪堡的人生。他的哥哥威廉是个举世闻名的人物，不过弟弟的名声更响亮。1769年9月14日，他在德国柏林降生，全名为弗里德里克·海因里希·亚历山大·范·洪堡。如果只论生活条件，他确实很幸运。他的父亲是个强者，可以让他接受良好的教育。他少年那段时间较为平顺，没发生什么值得铭记的事，他准备去大学进修，虽然尚未找到什么明确的目标，而准备工作则交给了他的家庭教师。他说：“我16岁以前并未喜欢上哪种科学，想要加以研究。我不愿意闲着，想要当个士兵。”

可另外一股暗流在他的思想中翻涌。“去那些欧洲人几乎从未去过的遥远的国家游历，是我很小的时候就有的愿望，而且十分强烈。”他说，“那些出现在地图和旅游书籍中的地方，对我来说，有一种难以言喻的吸引力。”最后，这些少年时的喜好，有了一个庄重的目的，成了他“投身科研和其他重要工作的诱因”。

洪堡年轻时的事迹有很多，为了证明他不是单纯地把事实展现出来，我们可以从中找出一个加以阐述。他和乔治·福斯特穿越欧洲大陆进行长途旅行时，大概是21岁。一起观赏过科隆大教堂之后，福斯特写了篇文章。而这篇文章中有这么一段话——就写在描绘建筑宏伟的那段文字后面——“一个更加引人注目的目标吸引了我的注意：一个有着丰富的想象力和高雅的审美能力的人，站在我面前，他如同被钉子钉住一般，呆呆地立在那里欣赏着。啊，我愉悦地发现，教堂雄伟的光芒，如同被反射了一般，在他注视的眼睛中闪动着。”通过这幅画面，我们可以知道知识如何变成真正的学问和思想的。洪堡多姿多彩的职业生涯持续了很长时间，而他在这一期间始终如此。

洪堡努力学习，离开学校后进入政府工作。他长大了。他的母亲死于1796年。洪堡对母亲有很多亏欠。他10岁时父亲就去世了，母亲把所有的精力都用来教育他。她看到了“小药剂师”（亚历山大有个爱好，就是将贝壳、植物和昆虫收集起来，并给它们贴上标签。他的这个绰号就是这么来的）的兴趣，并对其加以引导。她去世之后，洪堡再无牵挂，开始去远方游历。他在1799年外出旅行了五年。他在这段时间攀登了特拉里费山和安第斯山，去了奥利诺科河探秘，还去了美国。他后来之所以能拥有长盛不衰的名望，正是因为他积累了渊博的知识。他时常亲临险境，遇到的艰难险阻不知多少，还时常被野蛮部落滋扰，可是他的意志战无不胜，始终斗志昂扬。

在进行科学研究时，挖掘真相的过程往往伴随巨大的风险，而他就像一切坚定的调查员一般凛然无惧。他亲自拿着灯爬进矿井的通道中测试矿井用的新型灯泡，结果因为瓦斯中毒昏倒了。最后是两个人见他很久都没出来，察觉到不对，冲进矿井拉着他的双脚，将他拖出来的。

他的一生十分精彩，可惜因为篇幅的原因，我无法一一描绘。他的荣耀越来越炫目，他的名声越来越响亮。他的著述带动了科学的进步，他的人生灵感遍布。1859年，他离开人世，终年90岁。在他生命的最后关头，他的记忆力仍旧很好，他对科学研究也仍旧充满难以磨灭的爱。

PART 2
青年篇

就像大树生长的方向，决定了每个幼嫩的枝条生长的方向，成型于青年时期的观念，会成为我们意愿的掌控者，贯穿我们的整个人生。就算最微小的建议，也会得到少年的积极响应，就算最不值一提的命令也会让少年马上执行。此时，种子已经撒过，收获季节一到，就能摘取果实了。

Chapter 09▸

初　变

▶ 三岁看到老。

——华兹华斯

▶ 任何事，只要有做的必要，就有做好的必要。

——切斯特菲尔德

▶ 能让你离开最终成功的人，只有一个，就是你自己。

——爱默生

▶ 一个食古不化的人，是无法领略到人生有多么广阔的。

——J. 斯特普尔斯・怀特

▶ 就像树干决定了树枝的弧度一般，教育会让大家具有一样的意志。

——蒲柏

当孩子步入青少年时期，不管是他自己，还是他年轻的朋友都应该小心，千万别毁了自己的前途。他和其他人都可能是这种不良影响的制造者。

人生最重要的一个时期，就是少年时期。就算日后加以训练，这一时期的记忆也无法彻底消失。他们以后或许会变得截然不同，连性格都不一样了，可是年轻时的某些事，事实上，是大部分事，会被永远铭记。

就像大树生长的方向，决定了每个幼嫩的枝条生长的方向，成型于青年时期的观念，会成为我们意愿的掌控者，贯穿我们的整个人生。就算最微小的建议，也会得到少年的积极响应，就算最不值一提的命令也会让少年马上执行。此时，种子已经撒过，收获季节一到，就能摘取果实了。

在谈及青少年问题时，文森特主教写道："假如我是一个少年？啊，我若是一个少年，就太好了。单是想到这个，我的想象力就跳动起来了。'假如'这两个字，真是一把能够连通幻想世界的钥匙。首先，因为意志力是性格形成的奥秘，考虑到这一真理，我会及早全方位地增强自己的意志力，一定要坚持不懈。性格是可以培养的，我必须为此做好准备，并付出辛劳；还有我既不是石头，也不是木头，更不是腻子，而是一个人，为了让自己明白这些，我会让老师给我更多的工作。我个人的努力决定了我日后会变成什么样的人。"

不管是男孩，还是女孩，都应该养成读书的习惯。我们选朋友时选最好的，选书籍时也该如此。一位富有但稍显低俗的女士，邀请某位很有智慧的绅士来家里做客。她将他带到自己的书房，那里全是包装精美的书。她说："看啊，X先生，这些都是我最好的朋友，在它们的陪伴下，我从不知什么是孤单。"绅士一言不发地走向书架，随手拿起一本连书页都没割开的书，笑着说："夫人，看到你没有像大多数人那样在朋友的身上来一刀，我真高兴。"

麦考林说："若是剥夺我读书的喜好，就是让我当国王，我也不愿意，我宁可做一个有很多好书但在阁楼栖身的穷人。"

一天晚上，马上就要到祷告的时间了，有个10岁的小男孩，走进威斯敏斯特大教堂。他顺着中间的走廊径直走到查尔斯·狄更斯的墓前，趁没人注意跪倒在墓前，并轻轻地在墓碑上放了一束紫罗兰。这个孩子的情绪非常激动，他在墓前待了一会儿，就带着满足和幸福的笑容离开了。一个男人在好奇心的驱使下，走过去想要一探究竟。他在紫罗兰上发现了一个信封，里面是一封只写了一半的信。上面写着：

"有的时候，当一个孩子还是不错的，而最好的时候就是圣诞节。伟大的圣诞节就是一个孩子创造的。——克里斯马斯·卡罗尔"

这是一个喜欢读书的孩子，年轻人若能像他一样，就能在书中结交朋友，并在潜移默化中，让自己变得伟大而高洁。

孩子会按照自己的愿望，塑造自己未来的样子。加菲尔德小时候，有人问他长大以后有什么抱负，他回答说：“我要先学会怎么做一个人，只要学会这个，就什么都可以去做。”为日后变成一个真正的人夯实基础，是少年时期最重要的一件事。

毋庸置疑，有些名垂千古的人，看上去是环境塑造的结果。可是江山易改，本性难移，这是一般规律，青少年时期是为一切的伟大和才华奠定基础的时期。

“亚历山大大帝能够成为世界霸主的一个前提，就是他的父亲是马其顿的菲力二世。汉尼拔会变成罗马噩梦的一个前提，就是他的父亲汉米卡发誓永远将罗马视为仇敌。拿破仑·波拿马若是没有受到《荷马史诗》中战争天才的启迪，又怎么会让欧洲陷入炮火硝烟之中？”在我们这个时代，那些最成功的并且影响了世界的人，往往在小时候都接受过良好的教育。

可是，不要以为让孩子离那些会给他们带来坏影响的人和事远远的就够了，你还要时常给他们灌输正确的道德准则，一定要把高洁和良知深深地刻在他们心上。父母的管制是看得见的，浮于外，而生活的行为规范却是看不见的，沉于内。早晚有一天，孩子要从父母的保护下走出来，甚至完全不受家庭影响。到了那时，如果他没有正确的道德标准，头脑如同一艘没有舵的船一般，他将时刻面临沉船落水之险。

如果不想到了最后一个有益的朋友都没有，这时就一定要去结交益友。理智的人，是不会选择狼心狗肺的人当朋友的。结交朋友时若不加以挑选，往往会犯下一些最让人痛苦难言的错误。

有一个故事，说是两个邻居分别养了一只鹦鹉。一个人的鹦鹉喜欢唱歌，一个人的鹦鹉喜欢骂人。为了让骂人的鹦鹉改掉恶习，他的主人征询过邻居的意见后，将两只鹦鹉放到一起。可惜，天不从人愿，最后两只鹦鹉都开始骂人。这个故事充分说明了和坏人相处的惯常结果。年轻人就算再如何心志坚定，在这件事上，也必须保持警醒。

相比于社会地位，在选择朋友时，更应该看重的是对方的性格。加菲尔德总统曾经说过，当他在路上看到一个男孩衣衫褴褛时，他时常会想，或许有一天，自己会向这个男孩行礼。在这个男孩的衣服下，是不是藏着一个伟大而善良的灵魂呢？没人知道。

在伟大的音乐家舒伯特的墓碑上，有这么一句话：“他做出了巨大的贡献，但这他并不是他的全部愿望。”这是一种没有止境的愿望，若非它，我们的男孩和女孩们的生活中，也不会充满了美丽与能量。

Chapter 10

勤　劳

- 所谓天才，不过是因为他们足够勤劳。

——贺加斯

- 无所不通，且有一样专精。

——布鲁厄姆勋爵

- 两个少年之间的区别，不在天赋而在毅力。

——阿诺德博士

- 将能力作为武器的劳动者，获得了成功的棕榈叶，戴上了胜利的花环。

——A.T. 皮尔逊

- 和死人一样，懒人也是既无用又占地方。

——O.S. 哈登

我们此处说的勤劳，指的是全神贯注且频繁地做一件事，以达成某种目标。说得更准确一点儿，它是一种带有目的性的，对人对己都有益处的行为。所以，它是一种“受到规范的行为”，可以让我们或者别人获得更多福利。

我们认为频繁的工作很辛苦，或者起码是这样感觉的。我们不喜欢工作，渴望有时间休息，进而生出了这样一种观点——最快乐的生活，就是不用工作的生活。

人们往往是为了践行某种义务不得不勤劳。可是，在这里我们要将它变成一种能够帮助我们践行各种义务的方法。在正确的生活模式形成的过程中，勤劳具有无与伦比的巨大作用，而在错误的生活方式形成的过程中，懒惰则是最大的原因。

在这个问题上，有两种全然不同的主张，这点我们必须承认。有些人认为，就算自己不在公开场合说，也无法否认，并非所有诚实、勤劳的劳动者都能获得成功的最高荣耀这一事实。就像遗产，有些人天生命好，得上天偏爱，其他人却得不到。这些人是天才论的支持者。

看过《艾凡赫》（一本非常优秀的爱情小说，作者是瓦尔特·司各特爵士）这本小说的人，都说作者是个天才。事实上，这本书说的就是勤劳，也就是有耐心的坚持不懈的努力。有人说："司各特刻苦地学习骑士时代的历史，费心琢磨十字军东征时是怎样的劳累困顿，分析犹太人的性格特点及其互相冲突的地方，认真翻查历史故事的背景资料，甚至勤奋地研究了常规语言被诺曼法语、盎格鲁-撒克逊因素渗透的奇怪过程。"

想让某种事物的价值有所体现，就必须付出劳动，没有劳动，我们将一事无成。伟人出类拔萃的基础是他们辛勤的耕耘和坚忍不拔的努力。就算他们有天赋、思维活跃、智力超群，他们也要付出艰苦的劳动。

对于人类来说，劳动是一位非常好的老师。一支军队，若是不进行军事训练，当发生战争时，它就会表现出惊慌失措和毫无战斗力。若是将人生比作军队，那劳动就是军事训练。勤劳这位老师，会让我们学会耐心、坚毅、自制和专心。每一天、每一个小时，它都在尽量教会我们更多东西，让我们掌握各种各样的行为方式。勤奋会不停地召唤判断力和当机立断的能力，它让人兢兢业业，随叫随到，并且能征善战。

任何人，只要想做一个有用的人，实现自己的人生价值，就必须勤劳。懒人，比如恶棍，或许也有发挥作用的机会。为了教训那些放荡不羁的年轻人，斯巴达人曾经找了一个醉得五迷三道的奴隶穿街过巷，让年轻人看到他的愚蠢和狼狈。这个奴隶的作用不是主动发挥出来的，而是"被人"发挥出来的。所以，我们应该以劳动为乐，而不是满腹牢骚。想要拥有美德、幸福和价值，就要养成勤劳的习惯，它在这方面大有用处。

现在，勤劳对男人和对女人的重要性是一样的。几年前，在波士顿的一家艺术品商店，一件著名的雕塑引起了一群女孩的注意。当她们站在一起认真地欣赏这件作品时，忽然，一个女孩的声音打破了宁静，她说："创作这座雕塑的居然是个女人，真是想象不到。"又一个人说："我真为它自豪。"这座著名的雕塑就是出自哈里娅特·哈斯莫之手的"力诺比丽"，她是一个热爱知识和艺术的人，所以才有了这件杰出的作品。

想要实现的目标虽然伟大，可前路却充满艰险。最珍贵的东西，自然应该用最大付出赢取。如果完全没有付出，任何人都无法获得巨大成功。他的成功必须源于自身的努力，否则，他这一生不过是虚度光阴。

幸运的富家子弟或者靠祖宗余荫的懒汉，自然不会是我们所说的伟人，习惯于艰苦奋斗的人才是。他们会自力更生，不怕捉襟见肘的穷苦生活。

作为一名真正的艺术家，乔舒亚·雷诺兹爵士非常热爱工作。因为生病，他在66岁时无奈搁下画笔，而在此之前，他每天都去画室，从上午10到下午4点，一工作就是一天。他自己也说："就像一个以此为生的工匠般努力工作。"

有人说，我国年轻人面对的一个最大的问题，就是懒惰。有些年轻人，看到需要付出努力和汗水的工作就唯恐避之不及。所有人都觉得自己活在世界上一定会有些用处，没有人意识到懒惰正在侵蚀他们。可是，懒惰的人是享受不到快乐的。当生活中充满了假日，自然体会不到偶尔休闲放松一下的那种快乐。一个总是睡懒觉的人是从来不会做事的。经过风浪的洗礼，只有他们，被孤单地留在那儿沉睡。

再没有比勤劳更能抵挡罪恶的东西了。古人言："恶魔会找懒鬼的脑袋做工坊。"无所事事的人很容易变坏。不做事，也不想做事的人既可悲又可鄙。最糟糕的事情莫过于贪慕虚荣和蒙昧无知却骄傲自大。沉迷于自我，会让人的道德水准越来越低，精力越来越差，邪恶由此而生，并最终走上末路。

任何人都不会因为一个年轻人为了有益的工作奔忙不休而忧心忡忡。可是，他在哪里吃午饭，晚上离开家之后，他会去哪里？吃完晚饭会做些什么？周末或者假日在哪里过？从他闲暇时光的安排上，就能看出他的性格。大部分变坏的年轻人毁在晚餐之后。那些在攀登的路上不断奋进并夺得名誉的人，大部分在晚上不是学习或者工作，就是和善良、睿智的人相伴。我们真心希望每个年轻人都能善用这些闲暇时光。每个晚上都是对年轻人的工作生涯的一种磨砺。

古罗马是一个强国，人民十分勤奋。可是掠夺来的巨额财富和众多奴隶，让罗马人不再需要履行劳动义务。帝国的光芒从此开始黯淡。罪恶和腐败在人民整日的游手好闲中孕育生长，最后这个傲慢的国度被人推翻，带着耻辱走上了末路。

英国人性格中的一个重要元素就是勤劳，这是毋庸置疑的。英国人通过劳动，让整个世界都对他们的岛国倍加敬重。勤劳让每个人都认可了我国世界工厂的地位。

德国的皇室有一条家规：所有年轻男子都要掌握一技之长，从普通学徒开始直到可以独当一面。这种要求是为了以防万一，一旦事情发生变化，皇位继承人或者王子也能有立身之道，一个男人想要自立，就必须做到这点。这是一个值得每个人学习的优良传统。富有智慧的犹太人也有一条必须遵从的祖训：每个年轻人都要掌握一门技艺，无论他的身份地位如何。

富兰克林说："手中有田产，不如手中有技艺。"劳动是光荣的，就算那些无事可做的人再如何贬低劳动，也改变不了这点。不要将劳动视为一种耻辱，它或许无法让你拥有巨大的财富，但它值得你去尊敬。游手好闲，或者只想找个闲职，不干活只拿钱的人，才是可鄙的。我们决不能让一个工作者因为自己手上布满老茧而羞愧，反倒是骄傲自大的年轻人，他们该为自己的手杖和羊皮手套羞愧。古人云："一个人只有优雅仪态的人到了市场上，连口燕麦都买不来。"

在安杜佛学院[1]，斯图尔德教授曾经出于好心，严厉地批评过一个来自南方的学生。原因是那个学生买了一些木材之后，问斯图尔德教授，谁能帮他分

[1] 安杜佛学院：始建于1967年，位于缅因州波特兰市。——译者注

割木料。斯图尔德先生说：“我的工作虽然不是这个，但是我可以亲自帮你分割。”这位老师之所以选择这种方式教育学生，是因为他希望这个学生能够记住这件事。

科尼利尔斯·范德彼尔特

科尼利尔斯·范德彼尔特的一个朋友曾经问他说：“你的生意如此成功，有什么诀窍吗？”这个航运巨头回答说：“诀窍？没有诀窍，你只要用心经营，不断奋进即可。”

你若是接受范德彼尔特的意见，就请将你的生意弄清楚，用心经营，减少支出，直至商业风险不会危及你的财产为止。在范德彼尔特的事业中，你需要注意的是下面几件事：1806 年，公司游轮在桑迪胡克附近搁浅，将船上的货物卸下来之后，科尼利尔斯按照父亲的命令，带领 3 个人、3 辆车、6 匹马送货去沙洲对面小艇上。当时，科尼利尔斯大概 12 岁。

任务完成之后，他山长水远地往回赶，身上只有几块钱。他翻过新泽西的沙地，一直走到了南安博伊。他希望工人们可以坐船去史坦顿岛，可惜没有那么多钱。所以他找了一个旅馆，将自己的情况告诉给那里的老板，又和他说：“我还差 6 块钱，但我可以把马留给你做抵押，等你送我们过了河，我会在 48 小时之内将钱送过来，若是我没赶到，马就归你。”“可以。”看着孩子清澈诚挚的眼睛，老板同意了。至于那匹马，没过多久就被赎回去了。

1810 年春天，已经对大海充满了热爱之情的科尼利尔斯想要给自己买一艘船，于是跟母亲借 100 块钱。“儿子，我可以借钱给你，不过有个条件，就是你要在这个月 27 日，你 16 岁生日之前，将家里的 8 亩地翻一遍，犁好，种上玉米。”虽然那块地坑坑洼洼，还有很多石头，科尼利尔斯仍旧按时完成了任务，而且做得很好。这是一件小事，但科尼利尔斯·范德彼尔特正是以此为起点，为自己赚取巨额资产奠定了基础。他经常夜以继日地工作，没过多久，他的生意就在纽约港占据了首位。

1813年，各个船主纷纷提请成为纽约附近的军事驻地的合作方，给驻地运送物资，以此来免除兵役，因为他们担心纽约会遭遇英国舰队的军事打击，他们将不得不服兵役。可是，科尼利尔斯却没有那么做。他的父亲问："为什么你不去申请？"小范德彼尔特回答说："没用的。""他们只收一半的价格，而我接受不了这个价格。"他父亲说："可以试一试嘛！"就这样，他为了让父亲高兴，也提出了申请，但他给出的竞标价格是一个不偏不倚的价格。他没有去探听结果，因为他不认为自己能成功。在同行们一个个面沉似水地走出来后，他才走进物资采购员的办公室，问合同的人选是否已经选好了。对方回答说："是，那宗生意的人选已经定好了，是科尼利尔斯·范德彼尔特。"看到对面的年轻人一副惊讶的样子，又问："有问题吗？""我就叫科尼利尔斯·范德彼尔特。"他说。"看样子你不知道我们为什么选择了你，那是因为我们想做成这笔生意，并且相信你是能够做到这件事的人。"那个专员说。

人的信心是如何被人格魅力激发出来，人又是如何以勤劳为基石，像房子一般在地基上高高耸立起来的，由此可知。

Chapter 11

志　向

- 没有目标的希望，很快就会夭折。

——科尔里奇

- 人生要有目标，努力才有价值。

——M.C. 彼得斯

- 每个人都要为自己的人生确定航向，谨慎前行，不可人云亦云。

——C.C. 埃瓦雷德

- 宏伟的志向对于人生的意义，就像是蒸汽之于火车头。

——J.C. 杰恩斯

- 一个习惯于勤劳贫苦的人，若有了志向，便不会被任何艰险打败。

——贺拉斯

志向是人生中的一种最伟大力量。我们可以将它描绘成，以名誉或者最好的结果为目标的，存在人心之中的一种热烈而坚定的欲望。它让人追逐成功，并为此不怕危险和磨砺。一个没有志向人，能为世界带来什么呢？相比于没有志向的天才，有志向的普通人往往能发挥更大的作用。

有位诗人曾经说过这么一句话：“有着广博的爱好，却一个都不长久。”没有比这更严厉的指责了。这句话既是在惋惜对机会的浪费，也是在惋惜对能力的浪费。真可惜，布鲁厄姆爵士的人生就是照着这句话来的。他有众多的天赋，有着比所有人都活跃的思维和丰富的想象力。他是个出色雄辩家、缜密的思想家、聪敏的作家。能够一边以气势磅礴的演讲影响大量听众，一边又在文化方面获得巨大成绩的人并不多，可是布鲁厄姆做到了。他还是个律师，而且当上了英格兰大法官——这是律师行业的最高名誉。他还是一个科学方面的探险家，他的成就得到了科学界的一致认可。

这一切的终点貌似都是成功。而从某种意义上讲，布鲁厄姆也的确成功了。可是，有广博的爱好，却一个都不长久，有太多目标，将精力分散到众多领域，整体来说，他是失败的。不要说在英国的历史和文学上留下浓墨重彩的一笔，他甚至连货真价实都做不到。人们还没等他去世就几乎将他遗忘干净了。因为目标太多，他的天赋被消耗一空。

究竟是人改变了环境，还是环境改变了人，这个问题，长久以来一直处于争论之中。有些人相信环境掌控着人类，并决定了人类的生活。

不过另一个派系的哲学家却并不这么看，他们坚信人是环境的支配者，而非风向（环境）的玩具。卡莱尔就是这个派系的人。他在一篇论文中斩钉截铁地说："在世界的历史上，曾经有几次需要伟人出来力挽狂澜的重大危机，可是伟人并未出现。"

他说的是真的。人打败了环境的例子当真不少，华伦·黑斯廷斯就是其中一个。麦考林讲过一个关于他自己的故事，他素来都是睿智而有魅力的人，这点从这个故事中就能看出来。黑斯廷斯小时候，祖辈的房子因为管理不善被别人拿走了。他常常回旧居，透过藩篱凝视自己曾经的家——他的新家仍在这一地区。他暗暗发誓，一定要把祖产拿回来。这成了他的人生目标，他的所有努力都是为了实现这个巨大的目标。很多年后，黑斯廷斯去了别的地方，可是夺回房子的决心并未动摇。最后，他实现了这个目标。

在上边两个极端的观点中间，是否有一个折中的正确观点呢？也就是说：有时候，有些人会被环境控制，或者在一定程度上受控于环境；有时候环境也会被人特别是意志坚定的人改变。环境是一个平台，可以让人尽情施展自己的才能。全面研究过这个问题之后，我们会清楚地发现：人的某些性格并不受人与环境相互依存的关系所影响，只由人决定，而和环境无关。

人生在世，应该有一个可以让你坚持不懈、不断奋进的志向，它会让你养成目光深远、谨慎细致、克勤克俭、勤劳刻苦和英勇无畏等良好品性。它其实是很多坚韧、伟大品性的根源。

奋斗可以让人从一穷二白走向成功的顶峰。“约翰·雅各·埃斯特曾经在纽约街头卖苹果，A.T. 斯图尔特曾在别无选择的情况下掌管商店，科尼列斯·范德彼尔特的庞大资产最初的基石是母亲给他的100美金，林肯曾经当过扳道工，格兰特曾经在皮革厂当过工人，加菲尔德曾经做过运河上的纤夫。”

勤勉的工作和不屈不挠的坚韧会让人走出穷困的山谷，成长起来。你或许没办法在这个星球的历史中留下靓丽的一笔，可是你可以让自己和你的家庭过上幸福的生活，让世界因你而更加美丽和睿智。金钱永远无法取代人的品德，一个小小的百万富翁，哪里比得上一个真正的人？

林肯在获选总统之前，曾经在康涅狄格州的诺里奇市进行过一次演讲。当时，他严谨的逻辑给一个听众留下了极深的印象。第二天，当这个人在火车上遇到林肯时，问他怎么会有如此出色的逻辑能力和精准的判断能力。林肯回答说：“我能做到这点是因为一件不堪回首的往事，那让我非常沮丧。我年轻的时候，曾经在一个律师事务所学习法律。当我看到律师以证明事件为基本工作内容，我就问自己，‘林肯，什么时候事情能被证明？’这很难回答。我想了又想，最后和自己说，‘唉！林肯，你并不知道。’之后我就想，‘既然我不知道事情何时能被证明，我在律师事务所又有什么用？’所以我不再学习，回家去了。”

“我回到自己的旧木屋之后，很快就喜欢上了欧几里得定律。我原本对它一点儿概念都没有，现在想彻底弄清楚。我马上行动起来，春天还没到，我就研究过一遍欧几里得定律，并能用它清晰地证明所有论题了。做完这件事已经到了春天，某一天，我问自己，‘啊，你现在知道如何对事情进行证明了吧？’我回答，‘是，先生。’‘那你现在可以重回到律师事务所了。’就这样，我再次回到了工作岗位。”

在很多方面都有远大的抱负，有什么不对？追逐名利也没什么错处。喜欢听到别人的赞誉，就其本身而言，也算不得坏事，可是，你要知道，人会因为想要讨大家欢心而变得虚伪，所以，以此为动机，是非常危险的。请务必小心，不要让良心发出的声音淹没在众人的掌声中。

只要做，就想做好，这种志向是对的。玩忽职守和有始无终都是一种过失。只有懦夫才会将“我和他们一样出色”、“我的工作并不比他们差”作为自己的座右铭。我们真正的目标只有一个，就是，在球场上也好，在更庄重的生活中也罢，不做别人做的过事，要做就做到最好。

很多人将野心视为应当彻底铲除的毒草。莎士比亚通过沃尔西宣告：

“你应该清除野心，
就算是天使，也会因它堕落。”

大红衣主教也曾经将野心污蔑为一种罪恶。事实上，野心和其他品质没什么不同，都是一种崇高的品质，只是超过了界限就会变成罪恶。就像水和火，只有加以控制，才能让它在安全的范围内发挥作用。若非无法控制自己的野心，可以指挥雄伟之师的拿破仑，最后又怎么会被人像囚禁野兽一般，关在圣赫勒拿岛？为了获得更多钱财，百万富翁或许会故意损害别人的财产。为了达成自己获选的目标，政客或许会舍弃自己的良知。为了在比赛中或者在学校赢得奖项，男孩和女孩或许会选择作弊或其他违规行为去增加优势。这时，志向对他们来说已经成了诅咒，而非祝福。

工程师会对锅炉里的蒸汽进行检测，我们也该经常停下脚步，为自己的志向做些检测。否则，说不定什么时候，我们的生活就会遭受重创。我们的志向是不是太过激烈，已经超出了安全界限，通过两种方法就能检测出来。首先，我们的志向不能损害我们的德行，否则，就是危险。其次，当我们的志向危及别人的权利时，我们也该马上止步。这就是那两种检测的方法。除非志向危及了我们或者别人的生活，否则，它一定是好的，会让我们的生活拥有更多的色彩和更大的价值。

哈夫洛克将军

1795年，人人皆知的“勒克瑙英雄”亨利·哈夫洛克将军在英国降生，当时，拿破仑正准备大显身手，让整个欧洲陷于战火之中。哈夫洛克小时候，他的同学们给他起了个外号，叫作老哲学家，因为他十分认真细致，热爱思考。此外，和其他小孩一样，他也喜欢运动，有着不输给任何人的胆量和气魄。

在班上，他的学问不是最好的，可是他喜欢看书，特别是讲述战争故事，细致地描绘战争场面的书。拿破仑在他眼中是个大英雄，所以，他悄悄地，以极大的兴趣关注着拿破仑的每一个军事行动。很快，他就开始想象自己也是一个战士。志向就这样埋藏进男孩心中，并在未来让他获得了名誉。

哈夫洛克16岁开始学法律，可是没多久就失去了兴趣。三年后，他在军队中谋得了一席之地，至此，这个他自己选择的职业便承载了他的所有热情和喜爱，他甚至将他自己也献给了它。他学习非常刻苦，传闻为了弄清古代战争双方胜负的原因，他常常将古战场的情况用木棍画在地上，然后在头脑中反复重现战斗经过。

他在英国部队服役了8年之后，被派去印度，并在那里成了一个兢兢业业的战士。他参加过很多场战斗和激烈的战事，我们无法一一列举，那会耗费我们太多时间。总之，他一直严守军命，在混乱的战局中，他从来都清楚什么事该做，什么事不该做。他终生的追求，就是成为一个将军，可是他运气不好。时间过去了一年又一年，那些经验阅历都不如他，连胡子都没长起来的年轻人接连成了他的长官，他却毫无进境。这实在让人无法忍受，可是他始终充满信心，从不发牢骚，抓住一切机会为国家尽忠。尽善尽美地完成自己的工作，就是他的志向，只要自己达成了这点，别人怎么看，会不会称赞他，他都可以不在意。

直到62岁，他在印度之外还是一个籍籍无名的人。可是就在这个时候，他遇到了一个让他声名远播的机会。印度整个国家陷于动乱之中，当地的士兵趁机四处屠杀英国人。一支英国军队在位于北部腹地的勒克瑙驻守，数以千计残暴的印度士兵将这支军队围得水泄不通。投降会死得很惨，可固守城池又能如何，若没有援军迅速赶来救援，他们也会活活饿死。

听到这个消息时，哈夫洛克离那里有几百里远，可是他仍旧答应去救援这支不过一个营的守军。这个任务看上去根本无法完成，可是他带着几百个英勇的战士，冲过敌军肆虐的乡村，越过沼泽，蹚过湍急的河流，一直打到勒克瑙的城门底下。当时，每个房顶都有敌人在射击，可他迎着朝他们射来的枪林弹雨，冲向了狭长的街道，没有片刻停留地冲进了城堡。饥饿中的英国人用欢呼来欢迎他们。这次行军非常出色，哈夫洛克由此成了历史上最优秀的战士之一。而他能够成就如此伟业，靠的就是宏伟的志向。

他勇敢的行为得到了世界的称赞和皇室的嘉奖，可惜后者来得太晚。女王正打算封他为男爵，议会也准备投票看看是否为他发放高额退休金时，他却发起了高烧，在他救下的那座城市中性命垂危。可是这又怎么样呢？他终究已经建立了功业，身上闪耀的光芒，并不输给英国任何一个伟大的军事家。

Chapter 12▶

专　心

▶ 想要成功，就得勇敢地战胜苦难。

——斯迈尔斯

▶ 同时抓两只兔子，往往一只都抓不着。

——富兰克林

▶ 树立宏伟的目标，然后坚定不移地实现目标，对于一个人的人生意义重大。

——歌德

▶ 健康清晰的目标，可以解除一切病痛。

——O.S. 马登

▶ 一个人的才华是否出众，要看他集中智慧的能力如何。

——B.R. 海登

全神贯注的习惯是专心的起点。一个人能学成什么样，要看他调动和控制自身注意力的能力如何，也就是他将全副心神都用在当前课程上的能力强不强。“全神贯注的习惯”并不是指学生在老师授课时表现出的那种谦谨恭敬的态度。和这种态度相比，它更加稀少、重要和难得。作为一种思想能力，它可以让人在交谈、听课或者感受大道时，理解对方的意思；它可以让人只读一遍就明白问题或者文章的中心是什么；它可以让学生或者读者将注意力放在当前事情上，完全忽视一切和自己无关的事。

现在这个时代，正需要集中精神或者专业分工。现在的问题是，就算是一个仅一马力大小的引擎，我们也要让它发挥出十马力的功率。所以，我们每个人都得给社会十倍的能量。一个人只要在某一方面比别人强，就算他擅长的仅仅是拔萝卜，也能赢得成功者的花冠。他若能集中所有精神拔出最好的萝卜，就会成为竞赛的功勋，进而被大家接受。在竞赛中，那些能够专心致志，在实现目标之前，始终如一地将所有力量都放在一处的人，就是巨人。如今，只有那些有全局性的观点，有坚定不移的目标，目的单纯而热烈的人，才能获得成功。对美国的商业而言，“分散经营”是噩梦。道格拉斯·杰罗尔德有个朋友，可以说 24 种语言，可你若是让他选一种语言做出精准地叙述，他却做不到，世界上的这种人非常多。

卡莱尔说：“再弱小的东西，若将所有力量集中于一个目标，也能发挥作用，而再强大的东西，若是力量太分散，也能毫无成效。所以持续滴落的水滴能够穿透最坚硬的石头，而倏然而过的激流却什么都留不下。”

下面是一个非常有意思的小故事。百老汇举行了一场大规模的游行活动，街边人流涌动，乐队的声音震耳欲聋，可就在理查饭店的台阶上，贺勒斯·格里利垫着帽檐给《纽约论坛报》写了一篇后来被全国各地援引的评论。他一生中有很多例子都能证明，他获得成功的一个最大诀窍，在于他足够专注。

一个人肚子里有“货”，面对困境也能凛然不惧地展现自己的性格，毫不迟疑地拔地而起。不要妄想压制他们，阻碍只会让他们拥有更强大的生存能力。在皇家学院执教的奥佩，年轻时只能靠木工活儿养家糊口。他的身体构造和常人不同，要知道他 10 岁就能在瓦片上勾勒出美丽的图画了。安东尼奥·卡诺瓦的父亲只是一个零工，阿尔伯特·巴特勒·托瓦尔森的父母一穷二白，可是他们一样通过自己的双手努力奋斗，让自己的工作有了崇高的色彩。在业内的出色表现让他们脱颖而出。

人们总是嘲讽那些“死脑筋”的人，可正是这些目标单一的人改变了世界的面貌。这是一个专业化的时代，想要成功，就必须具有一个愿望，有最终目标，有炽热的激情。只有开足马力朝着一点挺近，才能在这个繁盛的星球上找到存在感。想在20世纪占有一席之地，就一定要有稳定的目标和坚定的抱负。很多人之所以失败，就是因为思想上的犹豫不决。世界上的失败者有很多，他们这辈子所做的唯一一件事，就是将空空如也的水桶放入枯井。

纽黑文的查尔斯·古德伊尔和这种人刚好相反，他的决心和毅力如同一幅雄伟的画卷。他曾经饱受贫困的折磨，在漫长的十一年的时间里，连喘口气都万分艰难，可他仍旧努力奋斗，最终让印度橡胶有了切实的用处。因为还不上钱，他曾经坐过牢，为了让在田间捡柴的孩子有一口吃的，他当了自己的衣服和妻子的首饰。人们惊叹于他的勇气和坚定的信念。当他的小儿子夭折时，他连入殓的钱都没有，他另外五个孩子差点儿被活活饿死；他的邻居曾经言辞尖锐地指责他不顾念家庭，说他精神有问题。可是看看吧，他不屈不挠的艰苦奋斗终有所获——硫化橡胶，他的六万多名员工让硫化橡胶有了数千种功用。

曾有位德国骑士在城堡的高塔间，悬挂了一架由他亲手制作的巨型风弦琴。这架琴完工后一直没有发声。然而，当清风浮起时，它会传来轻微的嗡鸣，如同远方乐声传来；当狂风骤起，在城堡上空横行无忌时，它又会奏响庄重恢宏的乐章。有些人看上去并不会被普通人的生活所影响，进而勇敢起来。可是，只要他们的韧劲和坚定发挥效力，必定会铸造出一件杰作。

知道伟人的成就来源于专心致志，虽然对我们有好处，可是对我们更有助益的是知道所有的男孩女孩在平常生活中都可以去专心，不过，前提是他们务必不能自私自利。要先将工作了解清楚，然后再做；一旦开始工作，就专心致志地去做；等到吸取经验教训时，也一定要集中精力。一次只做一件事，决不能拖拉马虎。查尔斯·金斯莱说："当我做一件事时，我会像世界暂时只有这件事可做一般，全心全意地去做。"对于每个努力工作的人来说，成功的诀窍就在这里。

S.T.柯勒律治是一个智力超群的人，可是他没有清晰的目标。他将自己的精力和体力完全贡献给了天马行空的幻想。他的失败体现在很多方面。他在幻想中生活，在幻想中死去。他一直在制订计划和步骤，可是直到死，也没付诸行动。他总是想要去做某件事，却从来没有真的做过。查尔斯·拉姆写信给朋友说：“柯勒律治死了。听说他针对形而上学和神学写了 4 万多本书，可是完稿的，一本都没有。”

尚普兰湖一战，迈克多诺准将迎着英国战舰众多大炮的轰击，指挥自己的小型舰队将所有火力都对准敌方巨舰唐尼号。最后终于让这艘巨舰彻底失去了反抗能力，结果其他船只只能举手投降。

在所有将领中，最擅长集中兵力这一战术的就是格兰特将军，南北战争能够迅速结束，他的这一长处功不可没。除他之外，布克·华盛顿在这方面也有突出的表现。阿姆斯特朗也是如此，他还创办了一所名为汉普顿的学校，这是他一心办学的活的纪念碑。他有一个崇高的愿望，就是让黑人和印第安人能接受教育。从南北战争结束开始，直至他的生命终结，他一直在为这一事业努力奋斗。现在，他不懈奋斗的结果成了整个美国的骄傲。

一个专注的人，是从来不会给自己找理由的。他们说得少，做得多，并且做事时充满了愉悦之情。人们之所以给自己找理由，就是因为目标不够坚定，不管是在学习、工作，还是参加比赛的时候，人们都不会去找理由。没有人为输球找理由。很多人都希望自己可以发展得快一点儿，想要实现这一愿望，我们得向专注的人学习，像他们一样坚定而认真地为自己的工作付出全部努力。

大卫·利文斯顿

大卫·利文斯顿是一个著名的传教士和探险家，他将自己的整个人生和所有热情都用在了一个目标上，在这个世纪，很少有人能像他这样。

1813 年 3 月 19 日，利文斯顿在苏格兰的一个穷人家庭降生。他从小就热爱阅读，对岩石和植物学的知识尤其热衷。为了上医学院，为了广泛阅读各种书籍，他去纺织厂做工。他说：“在工厂时，为了能在来回走动工作时，一句一句地将书上的内容看下来，我将书本放到旋转的纺纱机上。就这样，我一直在努力学习，并不会因为机器的轰鸣而受到影响。”

成为一个传教士，是利文斯顿很早就立下的目标。他看过一些非洲游记，翻阅过亨利·马丁的著作，听过摩拉维亚传教士团的故事。他听说过中国，知道那里需要传教士。他说："就是那时，我开始以此为目标，为此不懈努力，从没有动摇过。"

利文斯顿原本想要去中国，可是刚刚从非洲回来的莫法特博士说服了他，让他有了新的计划。他在 1841 年年初抵达非洲南部的阿尔戈阿湾，之后又去了莫法特博士所在传教士团的驻扎地——库鲁曼。可是他发现那里有太多的传教士，大家聚在一起，很难顺利地展开工作。所以他再次出发，去了人们不曾涉足的地方。他写道："我蓬勃的野心使我无法仅仅停留在别人开拓好的领域里。我决定继续前进，竭尽所能地帮助北方穷苦、卑微的人们，只要我可以做到。"

为了寻找机会，他带着这种想法朝蛮荒之地进发。他的首次伟大旅程始于 1852 年，得到了大量重要成果。他由东向西横穿非洲，之后又由西向东折回东海岸。这并不是一件容易的事，一路上危机四伏，随时都有生命危险。但呈现在他眼前的非洲，是他从未见过的。1857 年，他回到英国，他发现自己成了一个备受敬重的名人，所有人都愿意帮他完成他的宏图大业。

1859 年，利文斯顿再次回到非洲，这时他既有人又有钱，一心想为这片土地做一些事。他在赞比西河东岸进行考察，研究了非洲这一侧情况——那里的人民、河水、湖泊和山峰。1864 年，他返回家乡，第二年又回到非洲，这次他想找到尼罗河的源头。1865 年的这次旅行是他的最后一次，也是最长的一次旅程。他朝着西北方向走，这次的危险系数和难度系数都是最高的。他时常生病，仆人也不够忠心，非洲正在打仗，他的钱也用光了。1871 年，在遇到亨利·M. 斯坦利时，利文斯顿的情况已经非常窘迫了。

从斯坦利那里得到一些钱和人手之后，利文斯顿又一次深入内陆，他希望找到尼罗河的源头，然后回家等待死亡的降临。那时他已经 60 多岁了，身体情况越来越差，可是他一定要将工作做完。虽然他的身体一个月一个月地衰弱着，可是他一直不曾放弃。1873 年 5 月 1 日，仆人在帐篷中发现了他跪坐着的尸体。然而，他的成果将在世间永存，那是他废寝忘食、百折不挠得来的。

Chapter 13▸

自 制

- 英雄主义的本质就是自我控制。

——爱默生

- 即使是帝王，也远远比不上能约束自己内心的人。

——弥尔顿

- 我的建议只有一个，就是做自己的主人。

——拿破仑

- 想要获得幸福快乐，并有所成就，就一定要学会自制。

——E. A. 霍顿

- 傻瓜是不会发火，而智者是不愿意发火。

——古代谚语

有人曾经说：“自制是胆量的另一种表现形式。”不过在我看来，这种说法并不全面。自制统一管理着所有的品性，勇气只是其中之一。不然，它如何掌控各种品性，塑造出高洁、伟大的品格呢？我们所称道的自制，从根本上来说是真正的自尊。不论是少年人，还是成人，懂得尊重自我的人是不会肆意胡为，人云亦云的。他们知道，人云亦云对个人的品性、事业心、胆量和决心的塑造没有任何好处。他们想要拥有自尊，就一定要站在世界面前，说“我是个真真正正的人”。他们一定要有主见，迎难而上，成为自己命运的主人。

自我约束是一切品性的根本。当一个人被自己的激情或者发热的头脑打败，他也就不再拥有道德自由了。瓦尔特·司各特说："放弃私欲，让无私成为一种快乐的行为，你在人世就会拥有新的命运，这是一切疯狂的幻想都比不上的，值得称颂。"这句话可能说得太过绝对，可是一些伟人的经历充分证明了这种论调的正确性。例如凯勒博士，他近来就曾说过："三十多年来，我在纽约这座繁忙的都市，对上千名年轻的工作者进行了观察，我发现，坚持的能力，是决定一个人成功或是失败的首要因素。"

想想吧，一个刚刚进入社会，准备征服世界的人，若是由着自己的欲望和冲动想怎么样就怎么样，他能在这个世界面前挺直腰杆儿吗？原本应该当主人，反倒成了奴隶。原本应该是掌控者，反倒要俯首听命。一个人管不住自己，他的人生中就没有什么事是一定的，就没有方向。不受他掌控的欲望、冲动或者缺点，就算只有一个，他也算不得主人。这个缺点会对他性格力量造成巨大冲击。

奥利弗·克伦威尔在40岁之前从未思考过战争问题，可他却打造了一支无往不利的军队，原因何在，就是因为自制。可是，当政府成立，他的军队就解散了。而在追逐和平的过程中，他的战士和其他人的唯一差别，就是极度的勤勉、节制和坚韧。

这种品格，在历史上的众多伟人身上都能看到。例如威灵顿公爵，他一辈子都在压制自己暴烈的脾气。我们不妨听听他的故事，看看他是怎么战胜自己的。他之所以能在战场上获得伟大的胜利——打败拿破仑，这种自制的能力，居功至伟。

自制力在日常生活中一样重要。控制自己是掌控他人的第一步。每个人都惊慌失措、愤愤不平或者萎靡不振的时刻，就是考验来临的时刻，清醒的头脑会在此时发挥效力。这种能力表现出来，就是不向越来越强的诱惑屈服。

从贺勒斯·格里利的一段让人印象深刻的经历中，我们就能看出这一点。当时，他以锋利的言辞写了一篇批评文章，某个人看到这篇文章后非常恼火，冲到《纽约论坛报》的报社找撰稿人。他被带进的房间很小，只有9英尺长，

7 英尺宽。就在那里，一个人正趴在桌子上，运笔如飞地撰写稿件。这位不请自来的访客问："你就是格里利？"对方头都没抬地迅速答道："我是，什么事？"这位客人已经被怒火冲昏头脑，哪里还记得要保持端庄有礼、教养良好、沉着冷静的形象，一连串刻薄的话张口就来。格里利在此期间一直不曾停笔，他文思泉涌，一页一页地写着，神情不变，就像没听到这位客人在说什么一般。编辑室遇到的最糟糕的情况或许就是这次了——对方怒骂了足有 20 分钟。最后，这个火冒三丈的访客终于失去了谴责的兴趣，忽然转过身去准备离开这个房间。格里利这时才第一次抬头，他离开座椅，像老友一般拍了拍那个人的肩膀，用一种春风化雨的口吻说："朋友，别走啊。坐在这儿，将你的想法统统倾泻出来，这不仅对你好，能让你觉得舒服一些，还有助于我思考写作内容，所以别走了。"

现在，社会在培养人的这种素质和耐性方面，有着十分特殊的要求。这个世纪有个鲜明的特点就是"不能等"。这种宣言在商会有，在学校有，在社团有，在教堂也有，无处不在。小学生想要马上变成中学生或者大学生，男孩子想要马上变成少年，少年想要马上成年。年轻人不曾学过大量知识，接受过众多训练，就急匆匆地走上了工作岗位，如此一来，又怎么能有出色的表现？他们彷徨焦急，走到一半人就垮了，可能 40 岁甚至不到 40 岁就衰老而终。所有人都在忙。这种冒进的情绪非常普遍，我们若能在这种情绪中管住自己，在一个目标达成之前始终如一，就能获得更大的成功。

耐性是对性格的磨砺，一切崇高的壮举都比不上它。乔治·艾略特要是没有勤勤恳恳地努力了这么多年，看了几千本书，如何能完成《丹尼尔·德隆达》这本书，得到 5 万美元的薪酬？

为了将"嗞"这个声音复制下来，爱迪生在发明留声机的时候，努力过多少次。说到这段过往，爱迪生说："在过去的 7 个月中，每天我都要花 18 ～ 20 个小时在'specia'这个单词上。我跟留声机说'specia，specia，specia'，可是留声机回复给我的只是'pecia，pecia，pecia'。我觉得自己都快疯了。可是，我一直没有放弃，最后，总算得偿所愿了。"

想要成为一名优秀的技工，得先经过多年的学徒生活；想要成为一名优秀的工匠大师，则要经过长时间的洗礼；而想要达到鬼斧神工的地步，那么必须经过更长时间的锻炼。亨利·沃德·比彻为了免费阅读某家宗教报社的报纸，向这家报社寄了几篇文章，可惜被对方“婉拒”；丁尼生的第一篇诗作遭到了一家主流媒体的嘲弄，他自己也被这家媒体无视了；拉尔夫·沃尔多·爱默生只有一本著作赚到了钱；华盛顿·欧文年近七十岁了，才能靠稿费生活。显而易见，这些人若不懂得自制，世界文学宝藏就不会有那么多最珍贵的文字了。

人们制定了众多规范，以获得并发展这种品格。可惜，不少规范都只是策略性的，成效只在外观，而无法走到内部。至于其他规范，则太过冒进，以致伤筋动骨，让人死死沉沉，没有了梦想。能够维持人的本性，让人得到明智指导的目标，才是正确的目标。

时常自省对人大有助益。自制的起点就是了解自己。一个睿智的将领，必须知道己方要塞有哪些优点和缺点。反省不能太多，那会影响人正常的精神状态；但也不能太少，那会让人行事匆忙而鲁莽。美国人往往对自己认识不清，嚣张自负，自觉永远不会犯错。当我们发现有可能失败时，自然会想方设法避免失败。

我们若能达成下面的两个大目标，一定能拥有更强的自制能力。一个是心安理得，一个是乐于助人。一个生性焦躁好动的人，是不会听从正确的建议去生活的，他总希望摆脱枷锁，不停地大吵大闹，如何让人信赖。一个不懂得爱护自己同胞的人，会变得越来越焦躁，难以沟通和是非不分。

我们一定要对自己的缺点保持警惕。例如，你是一个脾气暴躁的人吗？如果答案是肯定的，那么短暂的发火说不定会像堤坝上的老鼠洞一般，让经年的工程被洪水冲垮。有时一句气话，就会造成一场过了很久都无法平息的风暴。一句气话就会让你失去很多好友。只有彻底掌控每一种机能，对它们加以约束和训练，让它们能够迅疾、愉悦地服从你的命令，才能实现伟大的事业。

乔治·华盛顿

为了更好地阐述本节的内容，我们特地从乔治·华盛顿的一生中，选取了几个真实的例子。

华盛顿脾气暴躁，这和他的母亲有关——他的母亲就是一点就着的火爆脾气。他的好友拜尔斯·李尔——也是他的私人秘书——说，1791 年冬日的一天，有个军官过来送信，说圣·克莱尔将军被印第安人打败了，而且是大败。李尔将信交给了总统。华盛顿离开座位，快速地浏览了一遍信的内容，就回去和家人、客人继续闲谈了，看上去从容淡定，和平时并无不同。可是，之后，当房间里只有他和李尔时，他开始一言不发地在屋中走来走去，不出片刻，怒火就压抑不住了，他大声说："完了。圣·克莱尔战败，被打得落花流水。将领几乎被砍杀殆尽，大量士兵战死。这是个彻彻底底的失败，太让人惊讶了，完全出乎意料，怎么可能呢？"他焦躁地踱着步子，怒火越发让人心惊。他忽然高喊："是啊，就在这儿，我为他践行，祝他马到成功，我跟他说'关键的地方，国防部长已经亲自跟你说过了，我会时刻关注执行情况。我再多说一句，就是小心偷袭，印第安人的战术，你是知道的'。"

"这是我给他的最后一句忠告，我当时态度非常郑重，他听完就离开了。可是，结果呢？他的军队还是被偷袭了，印第安人将其砍成了几段，一顿乱砍，我明明提醒过他这件事的。天啊，上帝，连杀人犯都比他强。他要如何面对国家，他身上背负的是那些死去将士的血债，还有寡妇、孤儿的咒骂，上帝的诅咒。"

他的情绪非常差。不久之后，他平复了一些，坐下来说："封锁消息，不能让圣·克莱尔遭到不公正的对待。我虽然看到了军报，了解了整场灾祸，可毕竟不是全部情况。我接见他，听他汇报时，不能心存偏见。他不会遭受任何不公正的对待。"

第二个故事是：1775 年，华盛顿率军在剑桥驻扎，可是部队缺少弹药。

格洛弗上校接受他的命令去马布尔赫德求援，传言那里弹药充足。可是他晚上回来的时候却两手空空。当时华盛顿正在司令部前走来走去，格洛弗向他敬礼，他却没有回礼，而是语气冷硬地问道:“你怎么什么都没带回来？”“阁下，马布尔赫德根本没有弹药。”华盛顿十分焦躁地来回踱步，过了一两分钟，他说：“格洛弗上校，因为我们眼前的巨大危机，我对你失去了公平。我的手在这儿，你若是接受我的道歉，就和我握手吧。”

关于自制，再没有比上面的故事更好的例子了，它充分证明了自制的价值和重要性，

Chapter 14▶

坚　持

▶ 一切崇高的事情，起初都给人一种无法实现的感觉。

——卡莱尔

▶ 只有不屈不挠，才能获得成功。

——拿破仑

▶ 最光荣的事不是从未失败，而是每次跌倒都能重新站起。

——戈德史密斯

▶ 探明成功所需的时间，对大部分成功来说，都至关重要。

——孟德斯鸠

▶ 所谓坚持，就是失败了十九次，在第二十次时获得成功。

——J. 安德森博士

目标、意志力和激情是坚持的三个要素。一个人有了目标，就能调动所有力量。久经磨炼的意志力能让希望和计划被付诸行动，最终积少成多。激情能让人始终兴致勃勃，无视一切艰难险阻。年轻人总说坚持是一件枯燥的事，不愿意耐心地从事一切需要小心谨慎、不屈不挠的工作。从某种程度上讲，坚持确实会让人感到枯燥，可是，想要一个台阶一个台阶地向上攀登，最终踏上顶峰，就必须坚持。一个人，天性急躁，用不了多久，他就会生出疲劳困顿之感，要不然就是受伤遇险，以致不再攀登，前功尽弃。对于那些英格兰的创造者来说，值得信任的是坚持，而非“机会”。那些整日投机取巧、虚度光阴的人最终只会失败。

不过，还有一种人生观，等级更高。在它看来，从某种程度上说，生活就是一场战斗，为了让善的部分打败恶的部分，我们的心理斗争必定无休无止。最坚实的品德以坚持为最大动力，坚持可以打开知识宝库，为整个世界提供智慧和道德财富。

伟人是不会等待机会降临的，他们会去创造机会。他们也不会什么都不做，只知道等着辅助工具或者有利环境的出现，而会随机应变，借助周边的环境来处理问题，成为形势的主导者。一个有梦想的年轻人若能下定决心，就能自己找出或者走出一条路，伟人成功的路只有一条，就是勤劳与坚持，没有任何捷径。

约翰·班杨将奶瓶的纸质瓶塞铺开，完成了《天路历程》的写作。吉福德的第一本数学专著，是他在当学徒时，在几块皮革上撰写的。里顿豪斯这位天文学家，最开始对日食和月食的时间进行计算时，是在犁把上进行的。

弥尔顿说："那些有名气的人几乎都是在逆境中成长起来的，他们一路奋战，克服种种苦难才获得成功。人生在世最伟大的事情就是充分利用自己所掌握的东西做出成就。这就是成功，没有其他。"

巴黎曾经陷入暴民之手，心慌意乱的政府觉得在自己的属下中，没有可以托付的人。这时，有个人走进来说："我知道有个年轻将领，有胆量平息叛乱，他也有这个能力。"政府高喊："叫他来，叫他来！"于是，拿破仑来了。他打败了暴民，战胜了政府，成了法国的掌权者，最后又成了欧洲的主宰。

从失败的阴影中走出来并斩获成功，是人生的第一堂课。当我们遭遇失败，被打击得惭愧不已时，想在满目疮痍或者断壁残垣中找到收获未来的条件，就必须拥有胆量和韧性。成功者和失败者的差别就在这里。我们评价一个人的标准，不能是他的失败，应该是失败教会了他什么。

我们一直兴致勃勃地研究着年轻人的第一次失败。这是他人生的风向标，可以测定他获得成功的能力。失败是有额外价值的。他怎样看待失败？接下来准备如何？有没有一蹶不振？有没有堕落？是不是觉得自己选错了行业，于是改换阵地？或者振作精神，重新开始，并下定决心，要勇敢地面对失败。

看看那些倾尽全力仍然失败却不肯放弃，以英勇的胆气和成倍的力量重新回到赛场的年轻人吧！你会发现他们身上有一种雄浑的振奋人心的东西。那些在失败面前仍能鼓起勇气的年轻人无所畏惧。

罗力虽然没能成功，可是他的名字已经成了敢于尝试、品格高洁的象征；科索特虽然没能成功，可是他伟大的事业，激励人心的言辞和真挚的心，让后辈充满了力量。作为一个演说家、爱国人士、自由先驱，虽然奥康纳的事业失败了，但他将永垂不朽。

曾经有人问林肯总统："你怎么会觉得格兰特会成为一个最优秀的将领呢？"他回答说："他最大的优点就是对目标坚定不移。你很难挑动他的情绪，他会像斗牛一般咬得死死的，只要被他抓住，就不要妄想逃走。"

每年在地区学校学习三个月，就是查希·杰罗姆所接受的教育。在他 10 岁的时候，他父亲将他送到康涅狄格州普利茅斯的一家铁匠铺，学习做钉子。小查希那时非常缺钱。父亲在他 11 岁时离开人世，他被母亲送去了一家农场做工赚钱。他 14 岁开始给一个木匠当徒弟，一做就是 7 年，包吃包住，但没有工钱。有一天，艾力·特里打算一次生产 200 只钟表的事传到了他所在的地方，人们对此议论纷纷，有人说："他就是做到死，也无法做完。"有人说："就算他做到了，那么多的钟表，他卖得出去吗？这真是荒谬的想法。"

查希用很长时间反复琢磨这个消息，他一直想成为一个伟大的钟表匠人。他开始抓住机会进行尝试，没多久他就掌握了用木头制作钟表的技巧。当有人以每只 12 美元的价格，跟他订购 12 只钟表时，他知道自己一定会出人头地。

有一天晚上，一个想法忽然闯进他的脑海，就是在木头之外，他还可以用黄铜做钟表，这种钟表，不仅价格低廉，还能无视任何天气状况，完全不会出现收缩、膨胀和弯曲的情况。他立即实践了这一想法，于是成了首个用黄铜做钟表的大制造商。他每天可以制作 600 只钟表，并将它们销往世界各地。

一切伟大的成绩都不是平白得来的，都得长时间在困境中不停地奋斗，不屈不挠地朝成功迈进。只有那些从底层一路厮杀过来，在殊死搏斗中留下疤痕的人，才知道什么是成功最大的奥秘。

法庭一次又一次驳回哥伦布对国王的控告，当他是个大傻瓜。他没有因为民众的讥讽和质疑而选择放弃。在他的灵魂深处，神圣的目标坚如磐石，就算遭到了国王蛮横的拒绝和王后的蔑视也是一样。“新大陆”这几个字在他心中留下了深刻的烙印，他可以为了它放弃自己的名声、闲适、欢乐、工作甚至性命。他有伟大的目标，不管是恐吓、嘲讽、暴风雨、破船还是船员的暴动，都无法撼动它。

只有幸福的年轻人，才会说“失败这个词，不会出现在年轻人明亮的字典中”。那些人云亦云的年轻人，我们并不喜欢。我们喜欢的人，应该坚忍不拔，能让风改变方向。我们无法立即名利双收，一定要一步一步地往前走。

坚定、乏味的坚持，一定能让你获得成功。你应该相信这个结果——你必定会成功。除了那条烟尘四起的旧路，或许还有别的可以走向成功的道路，可是诚实可信的人一定会选择前者。站在后边静候更佳的机遇，是不会成功的，想要有所成就，就一定要冲过去将它抓到手中，想方设法地降服它，让它能像我们期待的那般服务于目标，或者大展身手。

很多人之所以失败，就是因为不够坚持。无法切实地推行计划，被潮流、指责、偶尔的疲劳或者兴趣干扰，以致离开了原本的轨道，只能重新开始。你可以去看看那些重大发明是怎么出现的，看看那些天才音乐家是怎样因为坚持而获得成功的，你会发现，能够证明想要有所作为就必须坚持的证据，多如繁星。

乔治·史蒂芬森

另外一件值得讲述的事例，就是乔治·史蒂芬森历经千辛万苦制造蒸汽火车的事。人们说：“这个人疯了”，“他的蒸汽火车非常吵，喷射出来的火花会将房子点燃”，“（车头）喷出的浓烟会造成空气污染”，“他会害得马车制造商和车夫丢掉工作，没有饭吃”。反对的浪潮十分汹涌，众议院为此辩论了整整三天时间。一位政府观察员辩论时说，如果火车的时速能达到 10 英里，他就把它做成早餐，吃下去。

一位作家在一家名为“季度评论”的英文报刊上——1825 年 3 月期——发表了一篇文章，质问道：“机车的速度比马的速度快两倍？这恐怕是最好笑、最荒唐的事了吧。我们相信议会会将每条授权铁路的前进速度限制在每小时 8 英里或 9 英里，西尔维斯特先生认为这个已经是一个风险极高的速度了，对此，我们绝对赞同。”

按照这篇文章的说法，正在修建的利物浦至曼彻斯特的这段铁路，史蒂芬森建议用自己发明的火车头来替代马匹。铁路公司问英国的两位最优秀的工程师这是否可行，他们回答说，蒸汽只有在间隔为 1.5 英里的静止的机车上才能发挥效力，需要用绳子和滑轮带动车厢。

可是，在史蒂芬森的劝说下，他们觉得他的想法还是有一定的可行性的，可以做一次测试。史蒂芬森拿出大约 2500 美元寻找最佳机车，并将实验的日期定为 1829 年 10 月 6 日。这是重要的一天，民众等得望眼欲穿。当天观看“创新号”、“火箭号”、“坚毅号”和“桑斯帕雷尔号”这四辆机车大比拼的民众数以千计。按照参赛要求，机车的时速必须在 10 英里以上，所以时速只有 6 英里的“坚毅号”被直接淘汰了。“桑斯帕雷尔号”的平均速度是每小时 14 英里，但是它有一条水管发生爆裂，没能抓住机会。表现优异的“创新号”也有一条水管爆裂，最后惨遭淘汰。摘得桂冠的是唯一剩下来的“火箭号”。它的平均速度是每小时 15 英里，最高时速可以达到 29 英里。史蒂芬森想要的火车头就是它，它证明了史蒂芬森的主张，彻底颠覆了只能在铁轨上放置静止机车的理论。固定机车是天才瓦特的发明，史蒂芬森重新启用了这一发明，并为它们安装轮子，用它们运载乘客和货物。那时，某些顶尖工程师说了不少危言耸听的言论，而他的成功则是一记漂亮的反击。

Chapter 15 ▶

迅　速

▶ 能够抓住的今天，比两个明天更有价值。

——富兰克林

▶ 在开始时就要马上采取行动，继续思考只会错失良机。

——昆体良

▶ 因循守旧，什么都做不成。

——塞万提斯

▶ 市场不会一直存在，等着傻瓜做出决定。

——西班牙谚语

▶ 一个总是无法按时赴约的人，是不会受人敬重或收获成功的。

——W. 菲斯克

人生最好的祝福和安慰，就是行动迅速和谨守时间。即使某些最崇高的人，若是没有这些品德，也不会获得成功。很多人有很多提升自我和获得幸福的机会。我们应该把时间彻底利用起来。若是能将丢掉的时间迅速使用起来，或许会创造出更多伟大的成就。妥善利用空闲时间和零散时间能够做成的事，超乎你的想象。我们若无法干净利落地将飞逝的时间利用起来，去创造财富，它们就会永远消失、

“年轻人的时间是黄金，成年人的时间是白银，老年人的时间是铅。”“一个二十岁时什么都不懂，三十岁什么都不做的人，到了四十岁就会什么都没

有。”意大利谚语说：“蒙昧无知的人，不懂得畏惧。”

即使是最普通的寻常小事，我们也要注意时间的作用，时时警醒，对自己守时，对别人也一样如此。一个人，若不能这样，将会长时间处于焦躁、苦闷和疑虑中。

韦伯斯特在上中学和大学时，即使是自习课，也从未迟到过；在法庭、国会和交际场，他一样严守时间。贺勒斯·格里利一直很忙，可他仍然在种种烦乱中抽时间，准时出现在约会地点，这位编辑在《纽约论坛报》发表的很多言辞犀利的文章段落，就是在等待约会迟到的对象时写出来的。

约翰·昆西·亚当斯一次都没迟到过。只要看到亚当斯先生落座，众议院议长就知道自己可以宣布开会了。有一次，一个议员说时间到了，应该开会了，另一个议员却说：“不，亚当斯先生还没到呢。” 亚当斯在三分钟之后才到，但他并没有迟到，因为大家发现是那块表出了问题——快了三分钟。

迅速要从小事做起。当早餐的时间到了，就算我们还没清醒，也要准时吃饭。上学的时间到了，就算家务还没做完，也要马上出发。做任何事，都要找到最快的方法，并且一次完成。这种习惯会慢慢烙在我们的思想和行动上，成为一个特点。做事就要干净利落，拖拖拉拉是在挥霍时间。

我们千万不要忘了，守时只是迅速的一个方面，迅速是一种看得到的习惯，这种习惯在人们一起生活的时候，尤为重要。对于个人来说，这种习惯也十分必要，就算我们想做不用“星期五”帮忙的鲁宾逊·克鲁索，也是如此。

掌握思考和推理的过程是迅速的起点，所以迅速与思想有关。在迅速后面排在第一位的是专注，我们想彻底了解目标，专注必不可少。接下来是第二点，在特定情形下应该立即去做的事。经过磨炼的判断力可以让人迅速采取明智之举。一个男孩救了另一个掉进冰窟窿里的男孩时，事实上，在很久以前，他的潜意识就曾想到过遇到这种情况应该怎么做。一个女孩看到姐姐的衣服着火了，马上向她身上扔了一块毯子，事实上，她早就知道应该这样做。这种清楚应当采取什么措施并付诸行动，就是冷静，即让一切常识处于时刻候命的状态。

迅速可以让工作变得不那么苦恼。拖延往往代表放弃，“准备做”成了“不做”。做事就像播种，时间不对，就永远错失了时节。水果一旦种晚了，夏天再长，它也不会成熟。

以前驿站马车的速度非常慢，现在不过几个小时的路，那时往往要走上一个月，而且危险重重，可就算是在那个时代，不必要的延误也和犯罪没什么两样。测算时间和利用时间是文明进步取得的一个巨大成果。一百年前人们花费二十个小时才能完成的事，今天我们用一个小时就能完成。假设那时浪费几分钟就会被处以绞刑，那么一样的罪名，今天要怎么算？

在我们上中学和大学时最好的一点是，学校会用铃声提醒我们什么时候起床，什么时候上自习课或者听讲，让我们习惯于迅速行动。表是精准的计时员，人人都该有一块。不要觉得“基本准确”就可以了，那是对你形成不良习惯的一种鼓励，就像你在不惜工本地进行一次高昂的投资。我们可以穿脱线的衣服，但是，一定要戴准确的表。

有些人做起事来总是慢慢吞吞或火急火燎。约翰·B. 戈夫曾经说：“这些人有三只手，除了左手和右手，还有一只缓慢的小手。”他们小的时候，上学迟到，家庭作业不能及时完成，结果形成了习惯性的拖延。现在该他们扛起重担了，他们就想，要是早来一天就好了，那时局势还控制得住，或者要是晚来一天就好了，这样就没什么事了。

拖延往往会让人落入险境。特伦顿一战，当信使将信件交给拉尔上校时，这位黑森雇佣兵的统帅正在和人打牌。他随手将信塞进口袋，等牌局结束才去看信，结果上面说华盛顿即将带兵横渡特拉华河。他连忙将手下召集起来，准备应战，结果他本人惨遭射杀，他的士兵也多半成了俘虏。不过拖延了几分钟，就丢了名誉、自由和性命。

犹豫不决是一种以迟疑为预兆的顽疾。只有迅速能让犹豫不决的人得到救治。如若不然，我们的一切成功与成绩都会被葬送。优柔寡断的人不会成功。普特南将军在接到列克星顿战役已经开始的消息时，正和儿子丹尼尔在东康涅狄格州耕种田地。丹尼尔说：“他想都没想，扔下我就走了。那时我正在扶犁，没办法，只能冲进地里把犁卸了下来。几天之后，我就和他一起去了军营。”

在如今这个竞争如此激烈的时代，只有迅速、果决的人才能在最凶险的地方生存。柯尔特斯为了不留后路，烧了自己的船，你也应该如此。为了不在某个灰心丧气或犹豫不决的当口，将已经拔出的剑插回剑鞘，你拔剑的时候，就该扔掉剑鞘。纳尔逊在战斗时，下定决心，要船在人在，船毁人亡，所以他将国旗挂在了桅杆上，你也应该如此。很多人之所以能够摆脱危险斩获成功，就是因为他们足够果断和勇敢，瞻前顾后只会让他们走向毁灭。

法国国王亨利四世作为一个领导者，表现得十分果决。他总是奔走四方，所以法国人评价他：“被他穿坏的细平布非常少，但被他穿坏的皮靴非常多。”亨利四世称马耶纳是一位出色的上尉，可是同时他又说：“我一直比他早5个小时。”对将领来说，赶在时间之前是个不错的准则，对男孩女孩来说一样如此。

在我国也有以动作迅速闻名的将军。在谢南多厄河谷发生的“谢尔登进军”的故事，已是众所周知。南方士兵的猛攻，让谢尔登的士兵遭遇了一场大败。这时，他忽然出现在那儿，毫不犹豫地带领部队向后方发动反攻。士兵看到他之后，斗志高昂，原本落败的北方大军成了胜利者。

和海上的风险抗争容不得片刻迟疑，所以相比于战士，水手的行动更加迅速。他们要在遭遇暴风雨时当机立断，在多风的天气要迅速调整风帆，在靠岸掌舵时也要如此。纳尔逊这位海上英雄，就是出了名的雷厉风行、英勇无畏。虽然他有不少缺点，可是他总是先一步出手，从不会因为灾难突然来袭就手忙脚乱，所以人们往往觉得由他负责的海军工作安全无虞。

人生的旅途也是如此。我们必须对时常发生的各种意外情况迅速做出回应，而应对的结果往往会决定我们成功还是失败。在对的时间抓紧时间行动，比红宝石更珍贵。相反，我们则可能彻底失败。

拿破仑·波拿巴

集中优势兵力的战术让战争艺术发生了重大改变，拿破仑速战速决的战术也有一样的效果。法国能长时间在和欧洲联军的交战中不落下风，他迅疾的军事行动居功至伟。他总能在危急时刻，迅速找到有利因素并紧紧抓在手里。他或许不是一个高洁的人，但确实十分伟大。他能在军事上获得赫赫威名，迅速是关键因素，关于这一点，每个喜欢研究战争和军事行动的男孩都能发现。

他凭借对目标的执着和行动的迅疾获得了震惊世界的巨大成就。他好像时刻都能在任何地方出现。每个认识他的人都惊讶于他每天要做那么多事。他似乎可以调动身边所有人的情绪。他强大的精力，让整个军队都觉得精神振作。即使是最消沉的军队，到了他的手里，也会变得行动迅疾，斗志昂扬；即使是最笨拙的人，到了他手里，也会变得英勇无畏。来往的信件、急件和各种鸡毛蒜皮的小事，他都会亲自处理。他的一生，对那些犹豫不决、瞻前顾后的人来说，是一堂极为重要的课。

当机立断，下定决心，迅速而积极地行动起来，曾经一次又一次让历史有了新的面貌。另一边，也有不计其数因为将军犹豫不决或其手下拖延，而导致成千上万人丢掉珍贵的性命，以及上百万财富被劫掠的情况。

有一次，拿破仑邀请自己的指挥官们共进晚餐，可是到了约定的时间，他们还没赶到，拿破仑就自己吃了。等那些指挥官赶到时，他正从餐桌边起身。他说："先生们，晚餐的时间已经过了。现在我们马上进入正题。"

每场战争的"关键时刻"、"紧要关头"，他都非常重视，因为只有抓住它们，才能获得成功，犹豫不决让它们溜掉，则会导致大败。他说，奥地利军队之所以会输给了自己，是因为他们不知道五分钟有多重要。传言他在滑铁卢惨遭失败的众多次要因素中，一个最重要原因就是他和格鲁希元帅在那个关乎生死的上午延误了几分钟。布吕歇尔按时到达，可格鲁希没有。这看上去并不是什么大事，可是已经足够终结拿破仑的军事生涯，让他被流放到圣赫勒拿岛了。

Chapter 16▶

诚 实

▶ 真理可以没有色彩，漂亮可以没有修饰。

——莎士比亚

▶ 上帝的一个伟大创作就是诚实的人。

——蒲柏

▶ 毫无疑问，诚实是高等思维的基石。

——斯特朗

▶ 有些人脸上有大自然写就的信用凭证，任何时候拿出来都会受人敬重。

——撒克里

▶ 就算没有诚实，人们为了获得财富，也会将它创造出来。

——米拉博

人这一生是幸福还是悲惨，在很大程度上是由某些善与恶的品性决定的。在善的品性中，比较惹人注目的是诚实和实话实说，相反，在恶的品性中，比较惹人注目的则是说谎和欺诈。

建筑物想要坚不可摧，一定要有坚实的地基和结实的材料。社会也是如此。一个在社会上得不到大家信赖的人，恰如一座地基不坚实或者大梁霉烂的房子。

男人或男孩背叛朋友，这种事是非常卑鄙的，而背叛自己则更要命。为自己的行为负责，是一个勇敢的男人或男孩应该做的，错过一次，就下定决心，不再错第二次。还有比让别人成为自己的替罪羊或替自己接受惩罚，更卑劣的欺骗吗？让人羞于启齿的是，这种肮脏的行为时常发生。

有些欺骗的行为，在法律管制范围之外。相比于那些违法的人，做出此种欺骗行为的人更惹人讨厌。法律原本是用来保护社会的，可这些人却将法律当成盾牌攻击社会。

不诚实的一种表现方式就是说谎，这种行为十分卑劣。若是我们双方都无法相信对方所说的话，那么世界将变得多么可怕。人说谎的原因通常有两种：一种是获得原本没有的优势，这是一种欺骗行为；一种是不让他人的行为危及自身，这是懦弱的表现。

对于美德和荣耀这两座神庙的次序，罗马人是这么安排的：让大家从一个神庙走进第二个神庙，顺序是美德、勤勉、荣耀。

诚实是一种十分有用的美德。“一切不诚实的行为都是有害的。”这句格言再正确不过。“能够战无不胜的只有美德。” 一个骗子和一个正直的商人说：“若能得到你刚正的名声，就是让我拿出一万美元也愿意。因为我可以用它换到十万块。”

诚实的人会成功，骗子会失败。A. T. 斯图尔特因诚实和诚挚获得了高洁的名声，刚到纽约时，作为一位年轻的校长，他每天连一美元都拿不到，可是你知道后来他攒了多少钱吗？将近四千万美元，里面的每一个铜板都是干净的。

“人人都有身价”、“即使是诚实的人，右手心也会长有一缕毛发”这种话，我们并不相信。是的，相比于无赖，生意场上更多的是诚实的人，就算有一份信任惨遭背叛，可是得到尊重的信任却有千百份。

从个人私心来说，“最好的政策就是诚实”，可是如果诚实是政策制约的结果，那诚实的人还有什么道德可言呢？在这种人看来，诚实若对自己有益，不妨表现出诚实，但是当政策可以为他提供更大的好处时，他就会将诚实抛诸脑后。诚实和政策完全没有相同之处，只能选择一个。有些人虽败犹荣，那些成功者都没有他们值得大家敬重。一个人可以一无所有，但一定要有诚挚和正直。我们仰仗的，是我们有什么吗？不，是我们是什么样的人。性格就是我们的资本。

比如，一个人想要获得商业上的成功．他掌握的相关知识和受过的训练，也足以让他实现这一目标。他想方设法地获得成功。他兢兢业业，尽心竭力地为了得偿所愿而努力着。他确实应该这么做。我们钦佩他的技巧、勤勉和胆量。可是，他或许没有使用这种方法——卑鄙地去欺骗他人。他“或许”急于获得财富，可是他“必须”对荣耀和诚实充满欲望。这是道德必须实现的一个目标，不能成为其他事情的牺牲品。

我们瞧不起强盗、小偷，还有那些僻静的地方将人打昏，劫掠财物的人。可是骗子和小偷、窃贼，还有在路上劫掠别人的强盗，也没什么区别。

尊重是塑造孩子性格最好的方法，即你要相信他、尊重他。我们对于一个不渴望荣誉的孩子不抱希望。一个时刻都要大人保护的孩子，终将走上末路。想让孩子变成一位绅士，只有一个方法，就是就像对待绅士一般对待他。

在亚伯拉罕·林肯的人生中，能够体现这种美德的事情有很多。以下是我们从中选取的几个例子：有一次，有位女士在他店里花了 2 美元 6.25 美分，可是他后来发现，自己算错了账，多收了 6.25 美分。于是等商店关门之后，他连夜赶了几英里的路，将多出来的钱给那位女顾客送了回去。

还有一次，一个女顾客原本要买一磅的茶叶。可林肯第二天一早却发现天平上有个重物。他马上将少给的茶叶称出来，走了一段路，在早饭前将茶叶送到了客人家里。

他曾经做过新塞勒姆邮局的局长，但后来邮局倒闭了。若干年后，有位邮局官员走进他的律师事务所跟他说，在对新塞勒姆邮局进行清算时，发现邮局亏空了 17 美元。林肯从一个小箱子中拿出一个亚麻布包，这笔钱就在里面。这些年来，林肯的生活并不轻松，可是他从来没有动过这笔钱。他说：“不是自己的钱，我是不会花的。”

竭尽所能地完成手中的工作，是名誉的根本，无论它是什么。人们在评判一个人能力的时候，看的不是他从事何种商业活动或者何种职业，而是他的成就。真正的绅士，会凭借自己的荣誉感、同情心、温和、韧性和豪爽，获得世人的认可。从本质上说，他是一个诚实的人，他有着恰当的言行举止，且人前人后都是如此，表里如一。诚实会净化道德。所以，绅士是不会对自己做不到的事做出承诺的。威灵顿公爵曾经对某位英国将领的诚实赞不绝口，说他最重信义，从不会出尔反尔。要知道真正的绅士鄙视谎言，在他看来，谎言会损害自己的身份，所以不管是说话还是办事，他都时刻准备着勇敢地为各种结果负责。

若是有人像戴奥真尼斯一般，必须在大白天拿着蜡烛在大街上苦苦寻觅，才能发现真正诚实的人，那么他的邻居呢，我们想必定也有这样的烦恼。如果你认为世界上的人没有一个是诚实的，那么，你若不想颜面无存，在死亡之前最好都不要说这样的话。

几年前，有个 9 岁的小男孩在纽约火车站给人擦皮鞋，他走到一位先生面前说："先生，需要擦鞋吗？"那位先生回答说："是的，我要黑色的鞋油。"小男孩说："好的，很高兴为您服务。""我要坐火车去哈德逊河，不会赶不及吧？""我会动作快点儿，赶在火车出发前将鞋擦好，可以吗？""可以，孩子，不过一定要赶得及啊！"

这个擦鞋的小男孩马上跪下来努力擦鞋。擦完后，小男孩说："先生，火车就要开了。"那位先生拿出半美元，交给他之后就去赶火车了。等小男孩找出零钱，追着要给他的时候，已经太晚了，火车开走了。

过了两年，这位先生在纽约火车站再次遇到了这个擦鞋的小男孩，不过他已经不记得他了。可小男孩没忘，他问："你在中央火车站，是不是擦过一次鞋？""是的，一个孩子给我擦的。"他说："那个男孩就是我啊，给你，先生，这是找你的零钱。"看到男孩如此诚实，这位先生十分开心。他去见了男孩的母亲，跟她说自己要收养这个孩子，因为这正是他需要的孩子。得到了男孩母亲的同意后，他将这个诚实的小擦鞋匠带回了家，为他提供良好的生活环境和教育机会。这个男孩长大之后，在他养父的大公司中成了一个合伙人。

乔治·皮柏蒂

乔治·皮柏蒂在11岁时受生活所迫外出打工。因为他聪明伶俐、诚实可信，雇主非常喜欢他。他的父亲在他15岁时离开人世，一分钱都没留下。他有位叔叔名为乔治敦，在华盛顿特区生活，听说他要找工作，就将他接了过去，并为他提供了一份工作。温和稳重的言行举止和谨慎谦恭的态度，让他交到了不少朋友。他从不会让客人的感情受到伤害，始终充满耐心，在待人接物上表现得极为诚实。凭借着充沛的精力和十分坚韧、诚实的性格，他19岁就开始和人合伙做生意。35岁时，他通过自己的辛苦努力创建了一家很有实力的大型公司，并成了公司的掌舵者。从这一天开始，公司的成功就成了他唯一的人生目标。

他因为商业原因去过伦敦很多次，决定移居到那里。1837年，美国商业剧烈动荡，人们普遍处于恐慌之中。很多银行暂停现金支付。大批公司破产，陷入困境的公司成百上千。当时美国几乎是完全不被信任的。英格兰银行举办的有关美国证券形势的演讲，已经很难再引起欧洲人的兴趣了，除了有限几个人的演讲，例如，乔治·皮柏蒂。

已经成为富豪的乔治·皮柏蒂，不管是在国内还是在国外，都备受尊敬。他对自己的同胞充满关爱之情，决心帮他们渡过难关。他为一支探险队提供了一万美元的经费，目的就是解救约翰·富兰克林爵士。也是在那一年，马萨诸塞州的丹弗斯——他的故乡，举办庆典庆祝建市100周年。作为腰缠万贯的银行家，他自然在受邀之列。然而，他因为太过繁忙，实在分身乏术，并没有出席，他写了一封信寄过去。在庆祝晚宴上，这封信被当众打开诵读，里面说：

“教育是代代相传的责任。”为了援建城市图书馆和教育机构，他在信封里附上了一张价值两万美元的支票。若干年后，又有一场宴会在丹弗斯举行，这场宴会是以他的名义举办的，他又给了同一个机构捐了25万美元的善款。爱德华·埃弗里特等人在宴会上侃侃而谈，眉眼温和、个性慷慨的乔治·皮柏蒂听了他们的话，回复道：

“在场的任何年轻人，都远比我当年更有机会和优势。你们虽然现在籍籍无名，但这并不表示你们将来的成就会比我小，事实上，你们中的大部分人都应该超过我。平稳而坚定的‘诚实’，勇敢和诚挚，保持自己的名誉不被卑下的言行举止玷污，这一切会让你们成为一个崇高的人，这比世俗的成功更有价值。”

Chapter 17▶

礼　貌

▶ 人的一生有四分之三体现在行为上。

——马修·阿诺德

▶ 为人处世最好的方法就是以礼待人。

——马贡

▶ 不要将生命短暂作为不讲礼貌的借口。

——爱默生

▶ 子弹越光滑，走得越远，人也是如此。

——里科特

▶ 一个本性恶劣的人，是不会有好教养的。

——布尔瓦

真正有礼貌的人，在待人接物时，会表现得既温和又优雅。这一方面是因为礼貌是一种惯例，更重要的原因是，他本就是个心地纯善的人，所以他尊重对方的人格，尤其是对女性。人们通常不会在意言行是否有礼，以致低估了它的价值，事实上，真要比较，它抵得上价值连城的珍宝。

每一片土地，每个社会阶层，都有它的痕迹。以下这个例子就能证明这点。一个美国人蛮横地推倒了一个中国人，那个中国人心平气和地从泥地中站起身来，将身上污泥往下抖了抖，非常礼貌地躬身行了一礼，然后用略带指责的口吻平和地说："你是基督徒，我是异教徒，再会。" 谦和原本是基督徒的分内之事，可是美国人已经不记得了。法国的一个国王曾经说过这样的话："既然两句礼貌的话就能让人感到愉悦，那在这方面表现得非常吝啬的人，就太可恶了。"

首位马尔伯勒公爵"英语写得不好，拼写更差劲儿"，可是他让欧洲国家走上了另一条道路。他极具魅力的行为举止，让所有人为之倾倒，改变了整个欧洲。再刻骨的仇恨，在他醉人的微笑和迷人的谈吐面前也会冰消瓦解，前嫌尽弃。

礼貌如同精巧华丽的包装，可以减少产生矛盾的概率。年轻人在长者面前，能够采取的最合适的态度，或许就是这个了。可是这种情况现在已经很少出现了，男孩也好，女孩也罢，在和长辈，甚至是自己的父母说话时，都是一副蛮横、随意的样子，就算是和朋友说话，这也是一种很有问题的方式。

我们应该礼貌地对待朋友。男孩就算在玩的时候，也没必要弄得非常火爆。一个有教养的人，不会总想压制别人，将别人的感受视之无物。就算是对最好的朋友，在某些场合，用"谢谢"和"请"也是合适的。

对家人，就更应该讲礼貌了。关系融洽的亲人，正应该用礼貌来维护这种融洽。从这个角度来说，礼貌就成了在意别人的一种表现，虽然有时候是因为什么都不懂，才表现出了粗暴和蛮横的一面，可是在更经常的情况下，这是一种自私自利，不在乎他人感受和想法的表现。

爱德华·埃弗里特在欧洲学习了五年，回国后成为哈佛大学的教授，深得学生喜爱。他华丽优雅的言行举止，看上去只存在于教养良好的女性身上。他身上有一种文质彬彬，让人心醉神迷的气场，每个人都能感受得到，但无法表述出来，这正是他受欢迎的原因。在他漫长又有价值的一生中，这种气场一直都在。

礼貌可以用"好的行为举止"来定义。我们之所以用"行为举止"这个词，只有一个目的，就是指明生活的外部联系。我们用"行为举止好"或者"行为举止不好"来表明这个人的行为举止和"好的社会风尚"是否契合。所以，一个有道德的人，也可能是一个行为举止不好的人；行为举止好的人，也可能是个道德败坏的人；还有人不仅道德败坏，也没有好的行为举止。

规则原本是为了显示袋子里面的内容而绑在袋子外边的便笺。一个袋子有这种便笺，表明它没被打开过。在扑克游戏中，这个单词被用来表示一些被打印出来的，玩游戏的人应该遵守的规范。所谓标签、规则，指的就是这些规范。当循规蹈矩被阐述为“扑克牌怎么要求，就怎么说，怎么做”时，它就成了一种比较高洁的事情。

对固有的缺点进行补偿，只是行为举止良好的作用之一。最让人着迷的人，未必有好的仪态，但行为举止一定极具魅力。古希腊人将美视为受众神青睐的证据，认为应该受到颂扬和传播的情感，一定不能是残忍的、傲慢的。在他们的理想中，内在优良品性表现出来就是美，例如快乐、善良、满足和爱。

有一次，维多利亚女王想赐封苏格兰农民托马斯·卡莱尔为贵族，于是派人将他找来。在卡莱尔看来，他在自己的权力范围内从来都是贵族，所以并未接受这一赏赐。他知道的宫廷礼仪很少，当他来到女王跟前，和女王谈了一阵儿之后，他感到有些疲倦，便说：“女士，我们不妨坐下来聊，如何？”大臣们听了这话，几乎昏倒，可是女王觉得没什么，让所有人就座。

可是，上流社会也未必处处守礼仪讲礼貌，就算是皇族也有很多举止粗鲁的情况。有一次，威尔士亲王举办了一场宴会，只有上流社会的人才能参加，为了看到刚刚成婚的王妃的样貌，众人挤成一团。当王妃走进会客厅时，一尊罗亚尔王妃的半身像，在推挤中被碰到地上，摔碎了，连底座都翻了过来。可是，有些女士因为急于看到王妃的样子，居然拿雕像当了垫脚石。

礼貌和坦诚并不是对立的。刚正的人，就会毫不隐瞒地时常指摘他人的错处吗？当然不是。礼貌和坦诚通常会完美地契合在一起，在一个人身上同时出现。我们和颜悦色，但这并不表示我们胆怯懦弱，我们在信奉公正和真理的同时，也能犀利地指出错漏的地方。而在这一过程中，我们的态度会始终谦和有礼。

不礼貌的言行，很容易就会让我们惹上麻烦。一位来自纽约的女士准备去费城，她登上火车之后，才一落座，就发现坐在前边的那个有些肥胖男人点了一根雪茄。她咳嗽几声，难受地动了动身体，可是对方并未注意到她的暗示。她便刻薄地说："你不是本国人吧，火车上有专门的吸烟车厢，你不知道吗？这里是不可以吸烟的。"对方一言不发地将雪茄扔到了窗外。可是，没过多久，就发生了一件让她非常惊讶的事。有个列车员走到她面前，跟她说，这是格兰特将军的专属车厢。她迷迷糊糊地站起来离开那里，格兰特将军仍然像扔掉雪茄时一般礼貌周全，他的眼睛甚至没有嘲讽地扫过她，让她羞恼窘迫。在这位女士不安地看着他，开门走出去之前，他一直一言不发，面带微笑地坐在那里，没有任何动作。

在我们的日常生活中就算再如何繁忙，我们也要记得言行优雅和礼貌周全。巴托尔博士曾经说过："从某种程度上讲，这些友善的问候，对双方关系的承认和关怀备至是非常崇高的。现在是长辈十分和善，小辈不够敬重。好的言行举止对年轻人来说不仅是种"财富"，而且有更多含义。它能让人品性高洁。"

拉尔夫·沃尔多·爱默生

我们选择拉尔夫·沃尔多·爱默生作为例证的理由是，我们相信看过他的故事，每个人都会渴望拥有他那样的性格。1803 年 5 月 25 日。爱默生在马萨诸塞州波士顿市降生，他有五个兄弟，他排第二。他的父亲威廉·爱默生，是波士顿第一教堂的牧师。爱默生的一个同学曾经说过，自己小时候"对爱默生只有两种感觉，就是喜欢和钦佩"。他毕业于哈佛大学，对于他上学期间和毕业典礼时的言行举止，他的朋友回忆起来，说得最多的就是他和善、镇定，言行举止完美无缺。他当老师的那段时间，"每个男孩子都非常喜欢他"，文雅礼貌的言行让他做事时游刃有余。

爱默生后来开始朝神职方向发展，他在波士顿的某个教堂担任牧师一职。那些认识他的人都十分尊敬他。这种情感一方面是因为他的著作，一方面则是因为他的性格——他在生活中的各个方面都表现出了一种谦和有礼的态度。

他的儿子，爱德华•W. 爱默生说：“我父亲的一个最鲜明的特点就是尊重人性，尊重底层劳动者。他对仆人和蔼可亲、关怀备至，总是顾虑到他们的感情，希望他们不会受到伤害。生火取暖这种事，他从来都自己做，就算天气再差，也会自己去院里的柴堆上取柴火……对于孩子和年轻人，他的言行举止，可以说好到了极点，不仅态度慈祥和善，还十分尊重人们的人格。”

你从不会觉得他在屈尊降贵，他总是用欣赏的眼光来看待对方，他的谦和有礼让他征服了每个人。马修•阿诺德说，他与“高尚、豪爽的人结交”。在他身上我们切实知道了什么是真正的礼貌。事实确实如此。在他看来，公平、善良，各方面都顾及，就是礼貌。他会从害羞的人身上看到闪光点，他会鼓励那些笨拙的年轻人，用微笑来对待那些善良但不会表达的人。日复一日，他将大量的时间、精力和耐性花费在这种事情上。他是一名学者，难道不该远离尘世的纷扰，静静地写作吗？可是若真的这样，他拥有的即将发挥作用的影响力就不会出现了。

Chapter 18▶

无　私

▶ 英雄主义的本质是无私。

——爱默生

▶ 为了别人的利益牺牲自己，这是一种真正的无私。

——马默瑞博士

▶ 道德的基础表现就是，即使舍弃利益也要担负起责任。

——詹姆士·谢尔顿

▶ 一个无私的人拥有能够区分真假的真正的光环。

——西利教授

▶ 若是有一种教育，教了所有的东西，唯有没教无私，那么它即使再优秀，也比不上只教授了无私的最差的教育。

——约翰·斯特林

自我牺牲和无私还是有些差别的，不该混为一谈。不少人似乎将自我牺牲视为一种高尚的行为，所以相信若是一件事能让人牺牲自己，那这件事也一定是伟大的。事实上，有时我们会舍弃原本应该妥善保存的自我；有时，我们为了从某些小麻烦或者小困境中脱身，会放弃个人利益。我们会说："这是我的权力，不过，忘了吧。"之后，我们会幻想自己多么伟大，然而真相是，我们只是顺着自己的心意不去付出，不去努力而已。

真正的无私，要求你以崇高为目标，从容、刻意去追逐它，你要甘愿为了它牺牲一切，就算遭受再多的苦难和伤害，也绝不放弃。

如果想在我们长大之后，能够轻松地面对更大的挫败，我们就该在年轻时训练自己，让自己为了他人的利益而放弃一些小东西。若是我们每天都能做一件无私的事，对我们是很有好处的。我们一定要记得，只有心甘情愿地去做，才能让这些行为既有助于别人，又有助于自己。

男孩、女孩在上学、学习技术、抵制诱惑和培养高尚的性格时，有些责任是他们必须背负的，这些责任要求他们做事时秉持无私之心，并且毫不动摇。什么是责任，不管是年长年少，很多人都知道，可是他们就是无法承担责任，因为他们欠缺魄力。要付出多大的努力，做出怎样无私的事，才能得到知识、掌握技术，或者在某种追求中做到极致，他们一清二楚，可是他们就是让人恼火地犹豫不决——这种精神和道德上的怯懦，让他们完全无法行动起来。“性格的中心力量就是人的意愿，我们必须对它加以训练，让它习惯于敢作敢为，否则，不管是和邪恶抗争，还是和善良为伍，它都做不到。”

说到这个课题，我们可以想起许多各种类型的英雄人物，只要篇幅合适，我们很愿意列举他们的英雄事迹。他们出现在生活的各个方面。有个铁路工人，当火车冲过来的时候，他知道一定会撞到自己，可是他仍然坚守自己的岗位，将红灯点亮，最后殉职牺牲。有些船长，在所有人都弃船逃生时，一直在自己的岗位坚守，最后和船一起淹没在大海之中。有些医生、护士和慈善机构的女士，在感染疫病的危险面前凛然不惧，全心全意地救助别人的性命或者抚慰即将死去的人。达米恩神父，是天主教的牧师，他看到麻风病患者被关在荒岛上，既感受不到人世的舒适，也感受不到宗教的慰藉，觉得十分可怜，就去和他们一起生活。他难道不知道，跟他们在一起，自己弄不好也会染病，九死一生吗？他当然知道，可是他仍然走到他们身边，和他们同生死，共命运，竭尽所能地帮助他们。

直到今天，仍有很多人记得那些历史人物的无私义举，放在这里说正合适。格兰特将军连续几个月都没能拿下彼得斯堡，而谢尔曼将军却顺利地攻占了亚特兰大，将自己“向海洋进军”的伟大计划变成了现实。这时，有人高呼应该让谢尔曼将军取代格兰特，提升他为中将。这种言论传到谢尔曼耳中，他致信格兰特说：

“我已经写信给约翰·谢尔曼（他的哥哥），让他压制这种活动了。统帅之职我认为非你莫属。一切故意挑拨我们，让我们成为对手的任命，我都绝不会接受。”

格兰特将军回复道：“你能取得如此进展，最高兴的人就是我了。如果你我互换位置，我成了你的手下，我们的关系也不会发生变化。你一直非常支持我，我也会如你一般。为了让我们共同的事业大获全胜，我必倾尽全力。”

这两位伟人的心胸都是一般的宽广。在这个妒忌、自私和口不对心似乎十分寻常的社会，恐怕没有什么事能比这更加美好或者崇高了吧！

我们准备再举几个例子。有一天，有位船长离开自己的船，去了别的船上。可就在这个时候，他的船被海上忽然出现的风暴损毁。他的两个儿子也在船上，一个4岁，一个6岁，照顾他们的是一个年轻的黑人男仆。他回不去。船正在下沉，船上的人纷纷逃命，涌向一艘较大的救生艇。船长的两个孩子被那个悲惨的仆人放在麻袋中，送到了拥挤的救生艇上。就在他准备登上救生艇的时候，有个船员却同他说，救生艇已经满载了，如果他也上来，救生艇就会沉没，所以孩子们或者他，只能活一个。这个仆人十分勇敢，他马上说：“好吧，请告诉我的主人，我非常敬重他，请他原谅我所有的过失。”然后，他就被大海吞没，就此消失了。等他再次出现时，已经成了一具漂浮在海面上的尸体。

无私的力量和影响力，我们从下面这个故事中可以清楚地看到：

德国有段时间物资极端缺乏，有个富人将20个穷苦人家的孩子带到家里，同他们说：“这个篮子里的20个面包，你们一人拿一个。以后你每天都可以过来拿，就在这段时间，直到生活好转。”

孩子们蜂拥而上，抓着篮子哄抢里面的面包，每个人都想拿到那个最大、最好的面包，他们走的时候，甚至忘了和自己的恩人说一声谢谢。

只有一个名为弗朗西斯的女孩，站在远处不争不抢，她虽然一样穷困，可是身上的衣服是干净的。她拿走的那块面包是剩在篮子中的最小的一块。

在和富人道过谢之后，她就安静地离开回家去了。

第二天，孩子们的行为仍然非常糟糕，其他人拿到的面包几乎抵得上弗朗西斯手里的两个。可是等她的母亲将她带回来的面包切开，却发现里面有很多银光闪闪的银币。

妈妈感到非常困惑，她说："快点儿将钱送回去，肯定是有人不小心掉进去的。"

看到弗朗西斯把钱送了回来，那个好心的富人说："不，不，不是不小心。是烤面包的时候，我特意让人放进去的，我要奖励你，可爱的孩子。你要记住，一个宁可选择小面包，也不肯为了大面包和人吵架的人，是会得到祝福的，这种祝福比面包里的钱更加珍贵。"

在现实生活中，无私这种品德是非常有价值的，不管是我们自己，还是别人都非常看重它，以上故事都表明了这一点。拥有这种品德，未来会让我们受益良多，一方面会增加我们的幸福感，一方面也会让我们周边的人获得很多快乐。

查尔斯·兰姆

查尔斯·兰姆是一位作家，他拥有丰富的想象力和不凡的智慧。人们喜欢他的杂文，不过还没将他和英雄联系起来。可是，他面对生活的英勇无畏，实在值得我们钦佩。他的父亲在伦敦法院当书记员，他在兄妹三人中排行最小。他的哥哥约翰比他大 12 岁，他的姐姐玛丽比他大 10 岁。他 17 岁的时候，在东印度公司的会计室工作，是一位办事员。他们家有遗传性精神病。1796 年 9 月的一天，查尔斯·兰姆下班回到家，发现姐姐将父亲的额头打破了，还在母亲的胸前刺了一刀。第二天，警察向母亲询问案情经过，认为玛丽·兰姆精神有问题，将她送进了精神病院。

家里出了这么大的事，他的哥哥约翰却不管不问。查尔斯爱自己的姐姐，一直在照顾她。他和父亲一年的收入，还不到两百英镑，可是查尔斯坚持每年拿60英镑给玛丽治病。家人并不希望玛丽出院。可是查尔斯郑重承诺，玛丽由他照顾，最后终于将玛丽从精神病院接出来。

他原本已与女友订婚并非常爱她，可是他放弃了，因为玛丽需要照顾。他将自己的爱转移到了照顾玛丽的生活上。他在哈克尼为玛丽准备了一个住处，每到周日、节假日，就会去看她。后来更是直接搬过去和她一起生活。他会关注玛丽发病前的情绪变化，在取得了玛丽的同意后，会在玛丽发病前送她去赫克斯顿精神病院，等她好了，再将她接回来。每次玛丽察觉到自己即将发病，就会和弟弟一起去医院，他们从田野中慢慢走过，这是一个让人心酸的场景。可是40年，那么长时间，他一直深爱着他的姐姐，没有一丝一毫的减弱，由始至终从未放弃过努力。

他的一生都在奉献，他是那样的善良。听说，为了省下一点儿钱，帮助那些境况比自己更糟的人，他会将外套多穿半年。一个朋友评价他说："查尔斯·兰姆是一个天才，而我认识的所有天才中，最受人敬重的就是他。"

Chapter 19

自　尊

- 任何事都没有自尊重要。

——毕达哥拉斯

- 除了我们自己，别人是无法羞辱我们的。

——J.G.霍兰

- 缺乏自信是大多数人失败的成因。

——博维

- 有三样东西能提升生命层次，让人登上崇高的顶峰，它们就是自知、自尊和自制。你必须要忠于自己，正如有了白天才有黑夜一样，对自己忠实才不会对别人欺诈。

——莎士比亚

所有的男人、女人、男孩、女孩身上，都有一种让他或她不同于别人的风貌。这个推论是对的，这点我们在生活中早已发现。可是，我们必须学会尊重我们的不同之处，并加以运用，如此，我们的人生才能走得更远。

可是，千万不要将自食其力和自尊、自爱混为一谈，它们虽然本质上有些相通之处，可是差别也是切实存在的。一切行为或者计划都要以自爱为基础，自食其力则是刚刚长出来的幼苗；我们如何看待人生、人性、朋友、名誉、天赋才能……这一切都和自尊有关，它是它们的基本色调或者精神；我们自食其力的行动和自食其力意愿的出现，是以自尊为基础的。

人们往往会认可那些对自己有较高评价的人。不过，一个对自己和周边事物都深感满意的人，其实已经走到了悬崖边上。人最重要的一种性格，就是以绝佳判断力为根源的自信，可是我们必须小心，千万不要自吹自擂或者刚愎自用，要知道人的每一种品德都和危险相伴。对品德的过度追捧并不安全，就算这种品德是良知、正义和诚挚也一样。判断力、仁慈、尊重是自尊的守护者，但它们都无法取代自尊。

中国人说："人只有先自尊，然后才能被人尊重。"人们有权像排斥假货一般，排斥那些没有自尊的人，因为既然你自己都觉得自己很糟糕，也就没有权力要求别人尊重你了。尊重自己和尊重他人所遵循的原则是一样的。每个人心中都有一杆正义之秤，杀人犯也不例外，所以他才会尊重判决自己的法官，因为他心中有一个声音轻声说："没错。"

自尊、自爱对于干净的人生极有好处。一个真正自尊的年轻人，绝对不会受到邪恶的吸引。除非他放弃了这种优良品质，鲁莽、草率地决定任由别人如何看待自己，不然，他是不会被邪恶侵蚀的。不在意别人如何看待自己的人，往往缺乏自尊，所以他们容易被邪恶吸引，不易被他人的美好愿望触动，在生活中变得越发轻浮放纵。当自尊消失时，一切让人真实、崇高的品质，也很难留存。

约翰·班杨之所以能获得成功的人生，自尊是关键因素。这种品德从他青年时期起——在他走向成熟的过程中——就已经成了他的思想和行为的主宰，他后来之所以走出困境，将独有的才华展现出来，这种品德助益良多。有人因为他出身卑微而大力嘲讽他，可是他并没有退缩，有些批判家讥讽《天路历程》文风简单、直接，可是他并未妥协，有人因为他的宗教派别而轻视他，可是他凛然不惧，若非如此，我们现在也看不到他那个让人振奋的故事了。

成就一番伟业并不是人生第一重要的事，而是塑造出伟大的性格。人的性格对人的行为有很深刻、很长久的影响。决定一个社会良心如何的，是那些具有人格魅力的人。法律能够发挥作用，靠的不是警察，而是他们。他们的影响力能够成为一个好政府的支柱。

人格有催人奋进的力量，一个没有人格的天才，腐化堕落不过是早晚的事。我们经常会发现某些中学生或者大学生明明不聪明，甚至有些蠢笨，可是他们却一点一点地超过了那些和他们年纪相当但人格有缺陷的人，为什么？因为他们的生活有一种奋发的劲头，这种上进的本能会缓慢但鲜明地发挥作用，它会对人进行提升，并让人得到荣誉和信赖。有志向的人身上有一种不怕艰难险阻，迎难而上，一往无前的劲头，这种劲头是每个人都想要的。

这种以自尊为基础的热爱名誉的性格，它的力量非常大，为了对它加以说明，我们不妨听听下面这个关于李将军的故事。一次，有个贫困农民出身的年轻人偷听到李将军和他手下的一名将领的谈话，他们当时正在讨论军队调动的事，李将军说他的攻击目标不是哈里斯堡，而是葛底斯堡，这个年轻人马上发电报给州长科廷，汇报了这件事。州长说：“我要把他接过来，问他是不是真的。”还为此特意派了火车过去。一个下士说：“州长，我认得这个男孩。他只说真话，身体里没有一滴会说谎的血。”就这样，联盟军队在15分钟之后，发兵葛底斯堡，并在那里打了一场大胜仗。

自尊的人不会平白羡慕别人。一个不尊重自己的人，有什么理由让别人在意他呢？而自尊的人则有一种让他人信服的品质。卑鄙下流、斤斤计较、好吃懒做和刚愎自用的人，是没有自尊的。除非被某种强大的幻觉干扰了，否则他们自己也知道他们不值得别人信赖。

有个年轻人被朋友邀请去参加某种娱乐活动，他觉得自己不会喜欢这种休闲方式，于是说：“那样是不是真的不好，我并不能确定，但既然我无法得出定论，拒绝总是安全的。”

他的朋友说：“或许你是对的。可是你去了又怎么样呢？这完全无损于人们对你的敬重。”

“也许是这样，可是在此之前我得自己尊重自己。”年轻人说，“我会因为做出了可疑的事而失掉自尊。我追求的应该是更崇高的东西。”

在《品格的力量》这本书中，塞缪尔·斯迈尔斯对这个道理进行了准确的阐释，那段文字如下：“名人传记将伟人的人生和他们所做的事呈现在我们面前，它能赋予人们力量和信心。小人物难道就不能幻想未来，并振作精神将幻想变成现实了吗？当然可以，这点连伟人都会认同。这些伟大同胞，他们精神永远不会消亡，就算他们已经离开人世，他们的精神也会启迪我们，让我们振作精神，沿着他们走过的路勇往直前。”

瓦尔特·司各特爵士在临终前躺在病床上说：“我的作品可能是所有作家中最多的，而让我高兴的是，我没有做过损害他人信仰，破坏他人原则的事，我现在躺在病床上即将死去，也没有哪段文字是我希望永远删掉的。” 即使是统治一个国家的国王，也不会比他这样的人生更有价值了。

瓦尔特·司各特爵士

司各特为了捍卫自己的名誉，以无所畏惧的精神做出了巨大的努力，所以能在此处专门讲述他，我们非常开心。1771 年 8 月 15 日，司各特在爱丁堡降生。他的父亲瓦尔特·司各特是一位律师，母亲安妮·卢瑟福是爱丁堡大学医学院的教授约翰·卢瑟福的女儿。古代的族长瓦尔特·卢瑟福，也就是传说中“老瓦尔特·司各特”是他的祖先。

瓦尔特在上学时非常受欢迎。大家敬重他的勇敢和他在各方面展现出来的自理能力。当然，人们并不知道他以后会成为一个前程远大的学者，不过那时他已经对历史、诗歌、童话和寓言故事表现出了浓厚的兴趣。1783 年，他成了一名大学生。除了古代语，他的其他科目还算突出。他将大量时间都用在武装自己的头脑上，学习了很多知识，为他以后成为一位声明赫赫的学者奠定了基础。

司各特学的是律师专业，可是他天生喜欢文学。他人生的前半段，大部分时间都在为写作做准备，虽然这并不是他的本意。他写了几年爱情诗，并广受好评。《最后的行吟诗人之歌》是他 1805 年发表的作品，刚一面世，就成了畅销佳作，过去的任何一部诗作都不及它发行量大。所以他决定将工作重心放在写作上。出版于 1808 年的《玛密恩》和出版于 1810 年的《湖上夫人》

这两本书，让他成了当代最有名的诗人之一。这是他最幸福和最成功的时候。

没过多久，他成了一家出版社的合伙人，可惜生意失败，他欠下了10多万英镑的债务。青年时期的稚嫩已没有半分，55岁的时候，他下定决心一定要将自己欠下的巨额债务全部偿清，不仅如此，还要将祖产赎回来。于是，他开始努力奋斗，从未退缩。他并不是因为自己的骄傲受到重创，才下定决心要扛起自己应负之责，并为此奋勇拼搏的。高尚的自尊让他充满斗志，让他在重大灾难面前勇往直前。他将自己的产业交给了信托公司，直到自己有能力赎回时为止，以此来保证债主的利益。从1826年1月到1828年1月，两年的时间，他凭借自己的艰苦奋斗，一共赚了4万英镑。就在这时，他失去了健康的身体，可是他的精神没有垮。衰弱的身体无法阻挡他还清债款的决心，他仍在为此倾尽全力，他留给后人的是一个值得敬重的清名。

Chapter 20▶

道 德

▶ 生命以道德为基础。

——瓦尔特·罗力爵士

▶ 不辨真假的称颂，是一种致命的缺点。

——萨宾·巴林·古尔德

▶ 倘若一个人失去了正义感，他就永远不明白做人的意义。

——詹姆斯·麦克里

▶ 虚伪的善良不仅与爱南辕北辙，还会使政府腐败堕落。

——布尔沃

▶ 源于文明的利益是品德的意义所在。

——查尔斯·金斯莱

“道德是人们以良心为基础，经过反复思考做出的选择。”我们说承担责任是一种“信仰”，意思是说，这是我们的良心的要求。什么是对，什么是错，这并不是良心告诉我们的。是非观是学习的结果，是通过经验和大量其他渠道学到的。它告诉我们的只有一件事，就是如果不竭尽所能做到极致，它就会跳出来谴责你。

曾经有人说过这样的话，“我们可以将自己塑造成一个有道德的人，不做违心之事，可是道德本身是不会被教育改变的。它如同阳光。我们可以改造我们房间让更多的阳光射进来，但我们无法让阳光自身随着我们的意愿而发生变化。一间屋子窗户越多，就越能被阳光照亮；同样的，接受过良好的教育的人也会被道德之光点亮。”

所以，我们可以给道德下这样的定义：道德是人们想要遵循公平和正义行事的一种本能。

我们刚刚说过：道德是正义感的另一种表述形式，年轻人都需要养成这种品质，不管是在运动、家庭生活，还是校园生活中。正义的男孩子不会反对“公平竞争”，正义的女孩子不会去抢朋友的东西。为了留下这种重要的品性，我们必须保持最大的警惕，因为不公会藏身在年轻人的言语、行动或思想中。

你对自己有着什么样的责任，对别人又有什么样的责任，在认真思考这一问题的过程中，我们的正义感会得到强化，我们会要求自己严格按照行为规范行事，理想的人格就是以此为起点的。法拉尔说：“对自己心中‘最崇高的善念’无动于衷，是人会犯的唯一的真正的错误。”

“你给我父亲擦皮鞋的事，我到现在还记忆犹新。”英国下议院的一个议员在一场激烈的辩论中对另一个议员说，“除非他觉得自己做错了事，否则刻意的侮辱也会变成毋庸置疑的奉承，让他的同事更加尊敬他。”

一个知名作家曾经说过：“我们应该怀着最诚挚的愿望，以最严谨的态度为一切正确之事，竭尽所能。”

在画《最后的晚餐》这幅著名画作时，李奥纳多·达·芬奇曾经走遍整个米兰，只为修改某个颜色或者某个小细节。

鲁夫斯·乔艾特在辩护时，从来都以最认真的态度倾尽自己最大的热情，不管是在美国最高法院里，还是在一个当过鞋匠的治安官面前。

国会曾经邀请韦伯斯特在新一期国会上针对某一议题发表演说，韦伯斯特说：“不，我做不了，没有这个可能，我手上的事情太多，连喘气的时间都没有了，哪有时间准备这一议题，这个演讲我去不了。”“可是，韦伯斯特先生，你熟知每一个议题，从未失手。”这位演说家回答说：“原因就在这里，我只会对我完全了解的题目进行演讲，而现在我没有准备的时间，自然无法接受。”

威廉·劳埃德·加里森在不计其数的改革先驱中，占据着非常重要的位置，这毫无疑问。那是一份无私的事业，他为之投入了全部的正义感。他尽心竭力地帮助那些被枷锁牢牢绑住的人们，将他们的自由视为自己的责任。很少有人能像他一般，为了人类的自由不懈努力。加里森凭借自己巨大的努力建立了一个抵制奴隶制的社会，并以此为媒介宣扬废除奴隶制的工作。后来，他为了给一所学校筹集创校资金——那里招收有色人种的年轻人，去了遥远的英格兰，可是那时候，整个社会都在抵制他。他之所以选择以群众暴动为手段，就是因为这种偏见的逼迫。那时社会上只有教育机构才会讨论奴隶制的问题，很少有人真心认为每个人都该拥有自由。可是他坚信自己的想法是对的，且从未怀疑过。他高喊正义，表示要为正义而战，于是人们称他为“良知的代言人”。

还有一个实例充分地展现了正义和公平，这件事发生在1898年5月1日，赫赫有名的马尼拉湾战役开战的时候。

当长官下达命令让搬运弹药的工人脱掉衣服，做好战斗准备时，一个年轻人因为没有抓牢迅速脱下来的衣服，让它顺着栏杆掉到了海里。命令刚刚传下来的时候，他正拿着母亲的照片看，听到命令，他亲吻了一下照片就急忙将它放进了衣服内侧的口袋里。看到衣服掉进水里，他连忙向船上申请，要跳下去将衣服捡上来。船长自然不会同意。结果这个年轻人绕到船的另一边，爬下梯子跳到海里，游向衣服落水的方向，并最终将衣服捡了回来。因为他违抗了军令，所以一回船就被铐了起来。等战争结束后，海事法庭对他的抗命行为做出了有罪判决。

杜威准将觉得这个年轻人连命都不要地违抗军令，就为了一件衣服，非常奇怪，所以对这个案子十分感兴趣。他问这个年轻人为什么，年轻人却不肯说。他只好换了一种平和的语调和他聊天儿，又问他，如果只是为了一件衣服就做这样的事，太奇怪了，到底是因为什么呢？年轻人瞬间流下泪来，跟他说，因为衣服里有母亲的照片。准将听了，也不由得湿了双眸。他拥抱年轻人，下令马上放了他，恕他无罪。他说：“我们怎么能给一个深爱自己母亲、宁可付出生命也要拿回母亲照片的人戴上手铐呢？”

我们的脑海中其实有很多与此相关的例子在不停地翻涌滚动，完全可以让我们将话题深入讨论下去，可是因为篇幅的原因，我们也只能再讲一个事例了。

惠灵顿公爵在完全失去听力后，医生告诉他，他身上的炎症会对他造成生命危险。这个失误足以彻底毁掉公爵的事业，医生说自己对此非常抱歉，希望惠灵顿公爵可以原谅他。惠灵顿公爵说：“没关系，我不会放在心上的。”“让我照顾你吧，这样，人们就不会对我彻底失去信心了。”这位手段刚硬的公爵说：“不，那是欺骗。”

上述例子已经很好地证明了道德和正义感除了是一种良好品质，还是个人甚至人类得以充分发展的前提条件。接下来我们将以著名政治家查尔斯·萨姆纳的伟大功绩作为例证，进一步证明并结束这一论题。

查尔斯·萨姆纳

正因为萨姆纳先生是一个众所周知的人物，我们才专门用他的事迹作为讲述道德的例证。在我们的亲人和熟人中，无疑也有很多优秀人物，和他一样将道德这种优良品质展现得淋漓尽致。

萨姆纳先生于 1811 年 1 月 6 日在波士顿出生，他们家一共有九个孩子，他排行老大。他的父亲是一名律师，也是萨福克法院的法官，祖籍是早期殖民地新英格兰。查尔斯·萨姆纳在孩童时期和青少年时期就有了明显的清教徒的特点：寡言、慎重和严肃。他从小就不喜欢嬉戏玩乐，他喜欢看书，个性内敛得已经有些木讷了。他那时候对社交毫无兴趣，一直在努力学习。他是一个非常有韧劲的人，可是完全看不出有什么明显的天赋。

他的德行、坚韧、对知识的极端热爱，以及他对自己各种才能的全方位的培养，是他能够成功的关键因素。他明显有着良好的修养。他在道德指引下努力学习，全力武装自己的大脑，将它变成一个装满各种材料和力量的大收藏室。

他并没有将这些知识和力量作为修饰自身的工具。为整个人类谋福利，才是他的终极目标。在他刚刚进入法律界时，他曾在一次演讲中谈及道德和慈善："它们应该和我们融为一体，在我们生命的每一次欢乐中，在日常工作和言行举止中，在那些需要我们献身的伟大责任中，时刻发光发热，请从现在开始并始终如一。"

1851年，查尔斯·萨姆纳第一次获选成为上议院议员。他的人生光辉灿烂，他也从未做过任何与他崇高的品性相悖的事。他主张、支持或者提议的所有措施，都是以道德为基础的，这点我们只要认真研究过他的那些措施，就能发现。

他钟爱和平，却总是备受争议。人们指责他，因为大多数人都不喜欢他的提议。在朋友面前，他坦率得就像一个孩子，他在谈论自己时，就像在说别人一般，他给朋友看的从来都是最真实的自己。他是一个真挚而坦诚的人。他坚守原则，从年轻时就是如此，严以律己，宽以待人，勇敢地解决一个个难题。他认为奴隶也是人，和人类有着一样的灵魂，应该和美国公民有着同等的权利和待遇。他为人类的自由事业奉献了所有力量，他的生命在1874年3月11日走到了尽头，就在华盛顿，他直至最后一刻还在大声疾呼："《人权法案》必须通过！"

Chapter 21▶

激　情

▶　激情的感染力是最大的。

——布尔瓦

▶　强者的一个基本素养就是激情。

——卡莱尔。

▶　一个真正真挚的人，必定会投身于某种原则的求索中。

——菲利普斯·布鲁克斯

▶　激情这种传说可以将一个男孩变成人类的英雄。

——A. 布朗森·奥尔科特

▶　纵观世界历史，你会发现每次伟大全局性运动都是某些激情的胜利产物。

——爱默生

每个人都会在生命进程中遇到各种各样的磨难和艰险，人类“谨慎”的天性会让人们以犹豫的态度来观察它们；“智慧”则会找出一些高明办法避开它们；“耐心”和“坚毅”会为我们挖一条地道，让我们从它们下方穿过去；可“激情”不是这样，它会让我们直面艰险与磨难，动作轻巧地从它们头上跳过去。人类历史上那么多看似无法达成宏伟事业，之所以能够变成现实，就是因为人有激情。激情能将弱小的男人变得强大，让胆小的女人变得勇敢。一切伟大的艺术创作，几乎都是在艺术家对美和图形充满激情时完成的，那时他们会废寝忘食地工作，直到他们在大理石或者画布上，完整地将自己心中想法呈现出来。

有位近代作家曾经说过这样的话：“当生命被激情点燃，便能绽放光芒。人类的某些伟大的活动，正是在激情的推动下完成的。激情是塑造伟大人物的最大的力量。”

巴黎的画廊中有一尊雕塑十分漂亮。它是一个穷苦的雕塑家，在一个狭窄的阁楼中创作完成的。那天，这位雕塑家的黏土模型马上就要做完了，可一场严重的霜降忽然袭击了这座城市。他很清楚，黏土模型的间隙若留有水分，而这些水又被冻成了冰，模型的线条美就会被破坏。为了不让这尊雕像受损，他用自己的睡衣紧紧地裹住了它。第二天一早，人们发现了雕塑家的尸体，但他的创意没有消失，正是因为这样，他的创意才能被人雕进大理石，永远保存下来。

历史学家弗朗西斯·帕克曼已经离开人世，而他的作品则是人类为了神圣的事业而牺牲自己的又一个例子。在他还在哈佛念书的时候，他已经立志要为生活在北美大陆的英国人和法国人撰写历史。他为了这一伟大目标所付出的毅力和牺牲，世间少有，他将自己的生命，财产……一切，都拿了出来。在搜集苏族印第安人的资料时，他生了一场重病，这使得他的眼睛在之后50年里，每次只能看五分钟的东西，可就算如此，他的决心——那是他自青年时期就有的——也从未动摇过，最后，他针对这一课题编撰的史书终于完成，而且比其他所有同类史书都要好。

对理想的至死不渝所拥有的力量是那样的强大。困难、讥讽、迫害、艰辛或者病痛，在一颗为了目标澎湃激荡的心面前，根本不值一提。格莱德斯通说：“将孩子内在的灵魂点燃，才是最重要的事。”不要以为只有那些聪明、机敏的人身上，才有成为优秀人才的特质，事实上，它们存在于每个孩子身上，即使是最愚笨或者迟钝孩子也一样。

真正的激情使人快乐，让人们充满生机和希望。真正充满激情的人，从不会认为生活是停滞的，他们身上洋溢着甜蜜和良好的愿望，他们总能将美好的梦想变成现实。

热情就算不是人类伟大革命的掌控者，也是它的开启者，具有无与伦比的影响力，所以称得上是“世界杠杆”。历史是激情强大号召力的见证者，我们总能在史册上看到大量民众被一个人的激情所感染，比如在圣伯纳德的召集下，不计其数的骑士、地主、战士、沉默的农民，成为赫赫有名的十字军成员。

没有哪个国王或者政客，能像纯真质朴的圣女贞德一般，用手中的圣剑、旗帜和自己对崇高任务的信念感染整个法国军队。她的热情为她扫出了一条平坦的前进之路。

激情可以给人力量。它让人们不再沉睡，让人们体内的力量得以展现。有些事没有力量是无法完成的，激情可以让人不断地行动，直至任务完成。很多人生来就很强大，可是脱颖而出的人却不多，因为拥有激情的人太少。一个想要从同伴中显露出来，并超越他们，首先得有某些热切的，足以点燃激情的愿望，和一些伟大决定的启发。

任何事情想要成功，都少不了激情。它是指引道路的光明，拥有巨大的力量，当我们在追逐科学和努力工作的过程中遇到困难，它可以帮我们战胜它们。它为学者提供书籍，为观众提供雕像，为作者提供创作素材。当我们和一个伟大的艺术作品产生共鸣，我们的思想就会迈入一个更高的层次。

青春之所以如此迷人，最大的原因就是它有不停涌现的热情。年轻人激情勃发，坚信前方一片光明，永远不会有黑暗，他不记得世上还有“失败”这回事，他相信自己的出现是人类几个世纪所祈盼的，他将自己视为解放美、真理和力量之人。

巴赫小时候因为没有蜡烛，只能在月光下抄写各种音乐书籍。后来有人把他抄的书偷走了，他也没有萎靡不振。画家韦斯特年轻时在阁楼中作画，因为没有画笔，就将家里猫的尾毛剪下来做成了画笔。匈牙利歌唱家格斯，原本只是一个毫无名气的歌手，当她第一次出现在歌剧院的舞台上时，她的歌声就征服了大家，最终功成名就。她的激情给观众留下了深刻的印象，不过一周她就大受追捧并获得了独立。她以实现更好的自我为目标，她的灵魂对此充满激情，她将所有的精力都用在了这件事上。

自我批判可以提升和净化热情。宁静的山谷留不住游客的脚步，他们会爬上高山看日出，然后寻找各种道路攀缘。这就像那些真正富有激情的人，他们要在顶峰眺望美景，决不允许自己因为贪恋财富和享受而裹足不前，在前进的道路上，他们迈出的每一步都伴随着自我批判，而成功也和他们越来越近。

托马斯·阿尔瓦·爱迪生

国家工业发展最突出的代表者是谁？这并不是一个难以回答的问题，当然是托马斯·阿尔瓦·爱迪生。看到 15 岁的爱迪生，没有人能想到这个年轻人会成为推动整个大陆工业变革的支柱，因为那时的他，不过是个报童。

他那时就已开始涉足化学领域，还自己组装了一个可以移动的实验室。有一天他一边坐火车一边做试验，结果火车拐弯发生震动，化学器皿摔倒了地上，产生了一股怪味和一系列奇怪的化学反应，这惹恼了列车长。把他赶下了火车，还打聋了他的一只耳朵。可是，爱迪生依然充满了热情，他迎来了一个又一个欢欣鼓舞的时刻，并对这些时刻都了如指掌。他之所以成功，正是因为他的毅力和不懈的努力。

前不久，有记者问他工作时间是否规律，他回答说："我现在不像以前那么拼命了。我会在每天早上八点抵达实验室，晚上六点回家喝下午茶，在十一点之前我会研究一些问题或者学习些东西，然后就休息了。"

有人说，一天用十四或者十五个小时工作，已经算不得浪费时间了。对此，他回答说："看，在这十五年中，我平均每天的工作时间是二十个小时。"很少有人能如此付出，只有一个理由能让人这样专心致志地工作，那就是他面对的是他感兴趣的东西。为了破解某个难题，他有一次甚至夜以继日地工作了 60 个小时，他能做到这种程度，正是因为他将所有激情都投入到自己的研究中。

爱迪生说自己在波士顿做实验的时候，曾经买了法拉第的电学著作来读。他从早上三点开始看，一直看到室友起床。然后，他们一起去吃早饭。去往饭堂的路很长，而相比于早餐，爱迪生更爱法拉第，前者在他看来毫无意义，所以他忽然和他的朋友说：“亚当，我有太多事要做，生命如此短暂，我一定要抓紧时间。”然后，就飞快地跑回了宿舍。

人们会发现，无论是金钱，还是名誉，在爱迪生眼里都没什么吸引力。曾经有个朋友问他：“你工作这么拼命，到底为的是什么？”他反复思量了一会儿，回答：“我热爱工作。”之后又强调了几次，“我能想到的原因只有一个，就是我喜欢工作。你知道一些人热爱集邮（我和那些喜欢集邮的人一样），只要开始做某件事，就满脑子都是那件事，除非做完，否则我就难受得不得了。”

当时还处于构想之中的电力科学之所以能够发展得如此迅猛，爱迪生的研究热情至关重要。这其实是一门极具魅力的科学，爱迪生在这门科学上的努力，他获得的研究成果，以及这些研究成果的现实应用，让他成了美国最伟大的发明家之一。

Chapter 22

勇　敢

- 什么样的心灵最美丽？答案通常是勇敢。

——斯特恩

- 在需要体现勇气的时候，高贵的人永远不会迟到。

——高乃依

- 当勇敢和谦恭结合到一起，往往会成就最高尚的品性。

——斯坦霍普伯爵

- 只要不违背公理正义，勇敢的人是不吝于以命相搏的。

——席勒

- 世间的勇气就算只少了一点，也会让天才少很多。

——希德尼·史密斯

韦伯斯特如此解释勇敢的定义：“勇敢是一种思维方式，它可以让人精神上没有畏惧和沮丧，让人在艰难和危险面前不屈不挠。”而我们更青睐这种说法——勇敢不仅可以让情感更坚韧，还能打败恐惧。下面这个故事或许可以让你更好地阐释我们的意思。

在滑铁卢，有两个法国将领即将遭遇一支更强大的军队，其中一个将领察觉了另一个将领的恐惧，便说：“长官，你怕了吗？”“是的，我怕了，”另一个将领回道，“不过，你若是能感受到我一半的恐惧，早就落荒而逃了。”

在赶往战场的路上，惠灵顿将军指着一个脸都吓白了的士兵说：“这才是勇敢的男子汉，他知道自己处境危险，却没有选择逃避。”

动物的那种粗暴的勇武，和真正的勇敢完全不同。在强大的外壳内，往往是一颗胆小怯懦的心，有些外表纤弱的女人却能表现出让人惊讶的英勇。

真正推动世界进步的，通常是有胆量的人。他能带来一种使天下云集响应，甚至以性命相托的高尚风气。

斯巴达人在塞莫皮莱高喊“敌人就在我们前方。”而列奥尼达的回答十分精妙：“而在敌人前方的，正是我们。”薛西斯下令：“发射你们的武器。”列奥尼达回答：“去吧，把它们捡起来。” 一个波斯士兵说：“我们的飞箭和标枪将遮天蔽日，让阳光从你们眼前消失。”一个斯巴达战士如此回答：“如此，我们就在黑暗中战斗。”地球上有史以来最强悍的大军，就被这么一支人数有限的军队打败了，这实在是一个出人意料的奇迹。

为了重获自由而向别人求饶的莱亚·西普，不是我们应该学习的对象。怯懦毫无魅力，恐惧如此丑陋。这是两种性格上的缺点，惹人厌恶，而勇敢这种男子汉的气质，却能让人拥有尊严和优雅。

你的所有性情都能被勇敢的精神所改造。“一个既聪慧又主动的人，为了战胜困难，是愿意冒险的。又懒又笨的人天生厌恶艰难和危险，他们担心自己‘做不到’，怕得浑身发抖，这反倒真的让他们‘做不到’了。”

亚伯拉罕·林肯儿时从未停止过和贫穷抗争，他没怎么上过学，也没有什么有影响力的朋友。在他从事法律工作时，他选择了政治上处于弱势的一方，赌上的是自己历经千辛万苦才赢得的所有财富和名望。他为什么能在敌人的抨击和一连串磨难的考验面前，坚守自己的总统之责，让《独立宣言》得以发布，不顾所有人的反对，支持格兰特和斯坦顿，毫不动摇地去做自己认为正义的事？就是因为他有崇高的道德和勇气。

不知道你看没看过下边这个关于魔法师和老鼠的寓言故事？看看它是如何解释勇气的吧：

有个魔法师，看见他家附近的一只老鼠因为害怕猫总是战战兢兢的，觉得十分可怜，就将它变成了一只猫。可是没过多久，它又觉得狗非常可怕，魔法师便将它变成了一只狗。然后，它又畏惧起老虎来，魔法师只得又将它变成老虎。可是它还是害怕，而这次畏惧的对象变成了猎人。魔法师忍无可忍，对它说："我可以给你高贵动物的躯壳，却改变不了你老鼠的心，这毫无意义，所以你还是继续当老鼠吧。"我想你可以自己感受其中的深刻含义。

前边我们已经说了，有很多表现得非常英勇的女性，下边的故事就是如此：

1547 年，西班牙国王查理五世在贝格战役结束之后，取道图林根回斯瓦比亚。他曾经给斯沃柏格的遗孀凯瑟琳伯爵夫人写信，说如果她肯将粮食卖给西班牙军队，且价格公道，他可以保证他们的人身和财产安全。收到这位军方统帅的来信，伯爵夫人逼于无奈同意了这个要求。听说大军临近，伯爵夫人派人邀请阿尔瓦将军、布伦瑞克、亨利王子和王子的孩子过来一起吃早点。她将客人们迎入富丽堂皇的宴会厅，就在客人们落座之后，忽然有人偷偷向她禀告，西班牙人强抢农民的牛。

听说此事，她悄悄下令让所有随从做好战斗准备，并用钉子、木板封死城堡中每扇门窗，然后回了宴会厅。她向客人们发牢骚，说他们言而无信。阿尔瓦将军回答说，所有的战争都是如此，这是常例，还强调说这种小乱子根本算不上什么。凯瑟琳说："既然如此，我们会看到我悲惨的臣民一定要拿回属于自己的财产，或者，当着上帝的面儿，王子，你愿意用自己的血来补偿牛的血吗？"然后，大厅的门忽然洞开，侍者被换成了全副武装的守卫。大惊失色的亨利被逼使出脱险的最佳法宝——放声大笑，说女主人的演技实在是太好了，并保证阿尔瓦将军会马上下令让人将牛送回去。全副武装的护卫一直都没离开，直到信使表示，西班牙军队已接到指令，对其造成的所有破坏给出了合理的赔偿。然后伯爵夫人表示，客人来此做客，她万分感谢。最后在离席之前，双方都说自己应该尊重对方周密的考量。

我们身上天然就有公理、正义的勇气，比如威廉·亨利·苏厄德，他在自己的工作中，就表现出了这种勇气。威廉·亨利·苏厄德的父亲在他上大学时给了他一千美元，并和他说，这将是自己给他的所有的钱。结果苏厄德大一结束之后，回到家里不仅染上了奢侈浪费的毛病，还把钱花得精光。苏厄德的父亲果然不再给他钱，还将他撵了出去。这时这个小伙子才发现自己没有任何依靠了，现在他若是不想沉沦堕落，就只能学会自食其力。他离开家时身上一分钱都没有，他回了学校，毕业时成绩全班第一。他学习的是法律专业，后来当选了纽约市市长，内战时是林肯的秘书长。

狂妄自大和自私自利，都不是真正的勇敢。有时它会给我们以胆小的外表，就像懦弱有时会披上一身勇敢的外衣。我们想正确判断一个人是不是真的勇敢，必须先了解那个人及其所处的环境。我们并不希望人们以暴力和蛮力作为获得称赞的手段，我们更推崇脑力、思想和崇高的抱负。只有以公平、正义为原则的勇气和英雄主义，才最伟大。

理查德·皮森·霍布森

若说在现代谁最能代表真正的勇气，恐怕非霍布森中尉莫属，他勇敢地将梅里麦克号开进了圣地亚哥港口。

当时，在圣地亚哥港口，美国对塞威拉司令统领的西班牙舰队实行了封锁。为了让包围圈没有漏洞，美国决定堵塞海道，办法就是将运煤船梅里麦克号凿沉在狭窄的航道上。这个计划的执行者必须沉着冷静、无所畏惧，并且愿意为了国家的利益牺牲性命。想要完成任务，执行者必须在岸上的三个炮兵团轰击中，在海上的一支强大舰队和两个陆军团的攻击中，将船开到一个布满水雷的港口。最后年轻的霍布森成了这个计划的执行者，与此同时，他也是这个计划的首要策划人。

霍布森来自阿拉巴马州，27 岁，1889 年以第一名的成绩从海军军事学院毕业，在他们班中，他是年纪最小的一个。参战之后，他不管是作为一名绅士、学生，还是处事的行家，都表现得非常出色，现在他要表现他的勇敢了。

这是一次对他日常工作训练情况的考验，也是一次能够让他的名字在海战史册中长存的机遇，而他所展现出的勇气，让他把握住了这次机遇。

报名参加这次冒险计划的人有几百个，他从中选出了六个，并于早上动身出发，当时黑夜尚未完全离去。所有的美国战舰都全神戒备着：每个人都紧绷着神经，想着这次任务能不能成功，霍布森他们会迎来怎样的命运。几千双眼睛如同目送熟悉的运煤船进入港口内部一般，紧盯着前方浓重的夜色。

景象骤变。莫罗古堡和岸上其他大炮的炮火结成了一张严丝合缝的火力网，在如此致命的集中攻击中，还有活着的可能吗？梅里麦克号的舵盘在密集的炮火中忽然被炸飞，尾锚也被炸断了。电源受损严重，能用的鱼雷也不多了。最后，梅里麦克号虽然沉没，但却不是在计划设定的地方，它被海水冲出窄道才沉，没能将海道堵死。

敌人一直在攻击，火力很猛，梅里麦克号后边虽然拖拽着救生艇，任务组的成员却无法爬上去。霍布森和他的队友只能躺在甲板上，等着船舰沉没。炮火和毛瑟枪疯狂地攻击着梅里麦克号，等待的过程十分煎熬。最后的时刻终于到了，船舰被海水淹没，沉船造成的漩涡将队员们送上海面，他们爬上救生艇，牢牢地抓着它，面朝大海，静候黎明来临，然后被西班牙人抓住。

那天下午，桑普上将接待了塞威拉司令派来的一个官员，对方举着停战旗，和桑普上将说，霍布森他们没有任何危险，并重点说明：“虽然大家是对手，但我们十分佩服他们。”

Chapter 23

自　强

- 我们总是将自己的无能推到上天身上。

——莎士比亚

- 最强的人通常不会指望别人，孩子，你要知道并且记住这一点。

——帕特里克·亨利

- 上帝为每一只鸟提供食物，但不会直接放到鸟窝中。

——J.G. 霍兰

- 和别人学，和自己学，是所有人都会经历的两种学习方式，不过后者更加重要。

——吉本

- 对力量或者金钱的争夺，是商场、战场、法律和感情游戏的一个相同的本质，请将“依靠自己”这句话，当成自己的座右铭吧。

——J.G. 萨克斯

不管是历史还是名人传记都会告诉我们：几乎没有哪个伟人是在顺境中长成的。他们通常要历经千辛万苦，排除各种阻碍，在一路厮杀中，找到通往成功的路。最终给世界带来如此多重大的发现，成为银行行长、学校主席、大学校长的那个少年，却有着卑微的出身。很多名著的作者，出类拔萃的教师和记者……都是些穷苦男人和女人。你们问问大城市里的那些名人，他们出生地在哪儿，答案通常是农场或乡村。城市里的大资本家几乎都是农村背景。

在美国有色人种中，最具代表性的当属弗雷德里克·道格拉斯，他是奴隶出身，长在枷锁之中，他凭借自己的努力成了自由人。他能够接受教育并提升自己，靠的就是勇敢和坚韧。最后他为国家做出了贡献，拥有了高贵的社会地位，他的荣耀如此绚烂，甚至得到了世界的认可。

发明了机械时钟的查希·杰罗姆，原本只能和两个合伙人在整个新泽西游荡卖表，为自己的事业寻找出路。他们坐着木头马车，吃着面包和奶酪，走过纽黑文、康涅狄格，一直走到纽约。后来他在纽约买了一所富丽堂皇的别墅，过上了远比他的大多数同胞都好的生活，得到的地位也远比他们高。

当真正的灾难降临，那些一辈子都靠别人庇护生活的人，往往只有死路一条。遇到困难，他们只想找人帮忙。只要支撑他们支柱还在，他们就能继续生活，可是一旦不在了，看过四脚朝天的乌龟吗？他们就会像那只乌龟一般仓皇无措。有些人失去依靠，只能学着用自己的脚站起来，并最终获得成功，所以有很多人的成功并不在大家预料之中。詹姆斯·A. 加菲尔德说："贫穷是一件苦恼的事，但是我可以证明对于年轻人来说，最幸运的莫过于被人扔到水里，做出被淹死还是学会游泳的选择。在我认识的人中，只有不值得救的人被淹死了。"

自己的人生，是人应该学会承担的第一件事。司布真是伦敦伟大的传道者，他说："在教堂的 2700 人中，被我赶的，没有一个是从小在教堂生活的人。"这句话从侧面证明，对我们之后的人生影响最大的，往往是我们最初的印象和习惯。

华盛顿在 13 岁时，在笔记本中记录了一百一十条针对礼仪和良好言行的格言，这极大地影响了他各种习惯的形成。富兰克林为了完善自己，塑造自己的性格，专门制订了一份计划。这两位伟人前期对自己的着意塑造和对完美的追逐，无疑促成了他们不同凡俗的崇高品格。为了让这个观点更加完善，我自然要举一些反面的例子。在拉格比，有个男孩被老师批评字写得不工整，他争辩说："很多天才写得还不如我工整呢，这种小事，根本不值得放在心上。"十年之后，这个男孩成了克里米亚的一名军官，结果因为他的一份命令写得太过潦草，无法辨认，很多英勇的士兵牺牲了。

习惯的力量会在悄无声息中越来越大，关于这点还有一个古老的寓言：有位命运女神可以将丝线纺织得非常细，让人们无法察觉。结果她被这些丝线绑住，陷进她自己的阴谋中。

还有一个故事，讲的是古希腊有位吹笛人收取两倍的学费，帮那些被坏老师教坏的学生改好，这个故事要告诉我们的是，改正恶习远比养成好习惯难。

马修•阿诺德曾经说过："人的一生有四分之三体现在行动上。"可是决定一个人如何行动的，是他的性格。只有性格好，才能说对的话，做对的事，性格具有一种能对自己的主要成分——行为，进行引导的力量，所以培养年轻人自制的能力，应该是学校的最佳目标。

闲适、恣意的生活，不会告诉你什么是努力，不会让你有能力去克服困难，更不会激发出积极有意义的生活所必需的力量。贫穷虽然不幸，可是当你不屈不挠地自立、自强时，它其实可以变身为幸运。

有个穷苦且毫无斗志的年轻人，总是站在桥边看别人捕鱼。后来，他看着前边的一篮子鱼叹气说："这一篮子鱼要是我的，我就开心死了。我会卖了它们，这样就有钱交房租，有钱买吃的了。"鱼主碰巧听到他话，便说："你若是能帮我做件小事，我可以给你同等数量的鱼，而且和我的一样好。"年轻人问："什么事？""我要去办一件事，很快就回来，在此之前，你要帮我看着鱼竿。"年轻人高兴地同意了。可是老人很久都没回来，就在年轻人失去耐性的当口，忽然有鱼咬钩。年轻人所有的烦闷顿时烟消云散，开心地钓起鱼来。等主人回来时，他已经钓到很多鱼了，他数了数，和篮子里的数量相当。老人将鱼递给他，说："你钓到的鱼，让我可以信守承诺。我要告诉你的是：如果有一件东西是你需要的，你看到别人正在争取，不要把时间浪费在做梦上，那太傻了，学会自己钓鱼才是你应该做的。"

欧洲有一间用彩色玻璃修建的教堂，当修筑完成，剩余的玻璃碎片就被扔掉了。一个艺术家将这些碎片捡起来，给另一间教堂打造了整个欧洲最美的窗户。所以说，有的人能从困难和时间中学到知识，或者从别人毫不在意地扔掉的东西中挖掘到财富。

我们一定要看看英国的这则寓言。说的是有些云雀很喜欢将窝搭在稻田里。有一天，老云雀回到家中，见惊慌失措的小云雀们十分慌张，还高喊着："我们得马上搬家。"原来它们听见农夫说明天要找邻居帮忙收割水稻。老云雀说："啊，就只是这样吗？那我们可以在窝里好好休息。"第二天晚上，老云雀发现小云雀们还是十分恐慌，原来它们听说，农夫因为邻居们没来非常恼火，打算明天找亲戚帮忙。听到这个消息，老云雀非常镇定地说："完全不用担心"。第三天晚上，老云雀发现小云雀们开心极了，就问："今天听说什么了吗？"小云雀们说："没什么大事，亲戚们没来，惹得农夫非常生气，他和儿子说：'既然邻居和亲戚都不肯帮忙，我们只能抓紧时间，自己来了。'"这次老云雀慌乱起来，它说："今天晚上，我们就得离开这儿。你必须明白，一个人若是下定决心自己去做某件事，那么这件事一定能成。"

迈向成功的一个最清晰也是最稳妥的办法，就是自己去做你想要做的事。

史蒂芬·吉拉德

史蒂芬·吉拉德的故事，我们认为一定要讲。

一天早上，一艘带有法国国旗和求救信号的单桅快船出现在德拉华湾的入海口。这艘船的船长正是吉拉德，他当时还是一个小伙子，正在从新奥尔良运货去加拿大的港口的途中。他的求救信号引来了一个美国船长过来帮忙。这位船长告诉吉拉德，美国正在打仗，英国的巡洋舰遍布美国海岸，看到他的船一定会扣下，他唯一的出路就是去费城。吉拉德既没钱也不知道怎么走，只得雇用向导，不过向导要求提前支付佣金，好在美国船长愿意借5美元给他。就这样，他的快船按时抵达了德拉华港口，英国战舰没能抓住他。到了费城之后，他卖了货物和快船，有了做生意的本钱。来自外国的吉拉德既不会说英语也没有讨喜的面孔，还有一只眼睛失明了，他的起点非常低，可是他从来不会轻言放弃。

只要能赚钱，他看上去什么都肯做。不管是杂货，还是旧货，他什么都买什么都卖。他做的每一个生意都很红火。1780 年，他重新启动了新奥尔良和圣多明哥之间的贸易往来，就在这时，法国大革命爆发，不到一年的时间，他赚到的纯利润将近五万美元。

每个人都说，吉拉德能够成功是因为他运气好，特别是他的那些竞争对手。他赶上了正确的时间和地点，如果从这一点来说，他的运气当然不错，但是他身上还有三个特点：精准、精力和精密，他是一个很有办法的人。他从不心存侥幸，做起事来无懈可击。他的每一个计划和方案，都是通过严谨的数学计算得来的，他给国外各个港口的船长写信，信上都带有路线图和详细的解释，并让船长们保证，无论发生什么事，都按照既定路线航行，这些事充分证明了他是一个有远见、有规划的人。

吉拉德从未损失过一艘船，不仅如此，很多时候，那些让别人损失惨重的灾难，反倒成了他创造财富的良机，比如 1812 年的那场战争。所以，他的睿智的判断和对时机敏锐迅速的把握，他对生意的每个细节和工作上投入的巨大关注和热情，或许就是他能够如此幸运的原因。

Chapter 24▶

谦　虚

▶ 有很多痛苦并无价值，而谦虚就是根治它们的真正的良药。

——A. 蒙塔古

▶ 人很容易低估别人，却很难低估自己。

——彼得堡主

▶ 谦虚是一面神圣的轻纱，笼罩着我们的善行，让我们看不到它。

——圣·约翰·克莱马克斯

▶ 谦虚是母亲，是护士，是基础，是黏合剂，是一切美德的根基。

——赫里索斯托姆

▶ 美丽通常不在明处，而是藏身在自己的力量之后，所以合理的谦虚是美人头顶的桂冠。

——席勒

说完了自强这种积极而强大的美德，现在让我们来看看另一种平和而消极的美德——谦虚。我们必须在谦虚和自强、顺服和自尊之间找一个合适的平衡点，所以我们很快就会发现，想要谦虚，首先要有良好的判断力。一个真正的人，不但要谦虚，还得知道自立、自强，不能因为谦虚，就失去了自信。真正强大的人往往是最为平和、绝对自信的人，即使面对的是别人的利益和权利，也不会有半点儿的傲慢。

我们必须弄清谦虚和生活的主要联系，它对我们非常有用，要知道，当别人知道我们的目的时，我们就算说的、做的再如何光明正大，也无法理直气壮。

我们将“谦虚”定为“用粗略、卑微的言辞来评价自己”。现实生活中，人们一想到“谦虚”这个词，就会觉得这是一个用来说人没有自尊心的贬义词。

人类的思考方式通常和实际情况背道而驰，经验一再告诉我们，想要变得强大，我们的起点就不能太高。伟大的人生通常是在低地中崛起的，只要我们想要塑造出强悍而又崇高的性格，就一定要铭记这一点。你越是渴望建造一座巍峨的建筑，就越是应该将地基挖得深一些。

不要以为谦虚就是看低自己，那并不正确，谦虚指的是“能够割舍自己的权益，相比于自己本该得到的位置，愿意将自己放在一个较低的位置上，承认自己也会出错，在发现自己的错误时，敢于认错。简单来说，就是不要将自己的尊严看得太重”。

谦逊不仅是一种道德上的本能，可以让人追寻事实，也是一种道德上的利器，可以让人找到事实，所以不要将这种美德当作敌人，应该将它当成朋友。它能帮助我们以事实为基础建立认知系统，也能让我们知道自己的能力到底如何。

华盛顿、林肯等每个伟大的人物，都有谦虚的性格和思想。艾萨克·沃尔顿曾经说过乔治·赫伯特如何帮助一个穷人的事。看到那个穷人的马车因为运了太多的货物而倒在路上，赫伯特将自己的外套脱下来，去帮那个人卸货，还用自己的马车帮那个人运货。他的朋友为此责备了他，他却说，每天晚上只要想到我做了什么，我就非常开心，像听到了音乐一般，因为在我看来，这是我的责任，而我也有顺从自己心愿的能力。

说起菲利普·希德尼爵士的故事，人们总是兴趣盎然，那时他在聚特芬受了重伤，一个作家这样写道：“失血过多让他觉得非常渴，他让人拿水给他喝。可是他刚把水杯从别人手中拿过来放到嘴边，就看到一个可怜的士兵盯着水杯目不转睛。然后，菲利普爵士就将水杯递给了那个士兵，并说：‘和我相比，你更需要它。’”身为军官，菲利普的地位远比那个可怜的士兵要高，可是他并不放在心上。他愿意低下身来，牺牲自己的利益去帮助他人，所以他崇高的行为，会永远被世人铭记。

不要觉得谦虚就是没有胆量，是精神匮乏、不敢直面现实的表现。要知道性格上的虚荣容易让人自视甚高、失去方向，而谦虚可以严格地压制这种性格缺陷，所以，它对精神力量的影响，不是削弱，而是增强。谦虚是一种高洁的品性，农民身上有，王子身上也有，既能在工人的作坊中看到，也能在超级富翁的豪宅中看到。

古罗马的皇帝图拉真就是一个值得学习的既谦虚又和善的人。他平等地对待那些立下了赫赫战功的老将军，对追随者堆在自己头上的绚丽头衔嗤之以鼻。他记得每个老兵的名字，和他们谈天说地，如同认识很久的朋友一般，除非将所有的营区都巡视过一遍，否则，他是不会回到自己的营帐安歇的。有些溜须拍马的人会按照自己的想法将他抬到了一个很高的位置上，他对此并不认可。看到某些文明国家疯狂地推崇那些没有生命的大理石，他总是不以为然。他不喜欢累赘的仪仗队和张扬的马车，所以选择自己走到罗马市民面前，这种出场方式得到所有市民的认可。他将自己的住处称为“人民殿”，因为他愿意了解臣民们的不满。他的言行举止和他所采取的措施，让他的臣民越来越尊敬他、爱戴他。

懦弱、讨好或者弱小卑微，并不是真正的谦虚。真正的谦虚不是因为畏惧那些看上去比自己强悍的存在流露出的卑微怯懦，而是一种力量，会让你因为同情而选择弱势的一方。谦虚的人不会指摘别人的缺点，因为他知道自己也有不足之处。一个人要是真的谦虚，他会为了公共利益而静静地生活、劳动，几乎不会说出自己的谦虚，只有少数真情流露的时候例外。

人们往往欣赏真挚和谦虚的精神，例如当马尼萨的一个富豪在光芒四射的阿波罗面前夸耀自己的祭品非常豪华时，阿波罗指责他说，亚加亚人用质朴的蛋糕和乳香献祭，但他们的心是谦卑的，所以我更喜欢他们。

我们不该被虚假的表象蒙蔽，让我们以平静的心情来听一听下边这个关于农夫的故事吧。农夫和儿子走进麦田，“看啊，爸爸，”儿子高喊，“这些麦秆这么直，肯定长得最好。那些就不太好，麦穗都垂下来了。”农夫将两种麦穗各拔下一根，然后说：“傻孩子，看，它的秆儿是直的，可麦穗没什么重量，有什么用呢？反倒是谦卑地低着头的，才有饱满的麦粒。”

“紫罗兰并不高大，可当它在长满了叶子和花朵后，能散发出最甜美的香味，谦虚也是如此。”

这是一种既能让人脱离低级的精神追求，又能让人在任何时候都不向强权低头的美德。它考虑的多是品性和原则问题，至于个人得失，它往往不会在意。它会为进步提供巨大力量。如果我们没有意识到自己有多么弱小，我们又怎么能为了汲取更多知识而不懈努力呢？正是因为我们意识到了自己的缺陷，我们才愿意认认真真地不断进取。

菲利普斯·布鲁克斯

要说当代的杰出人物，自然少不了菲利普斯·布鲁克斯。他不仅身体强悍，意志力也非常强大。他拥有的众多崇高品性，让他成了一个远比他所处时代的大多数人都自信和自强的人。他遭到了很多人的反对和抵制，可他勇敢地坚持了自己的主张，毫不动摇。他有很多优势，充满自信，但这并不妨碍他的平和、宽厚和慈悲心，而且他对他人的利益毫无轻慢之心。他的影响力渗透到了每个地方，可是他从不会和别人发生争执，也不会在别人诋毁自己时做出反击。他将自己的所有力量都用来帮助弱势群体，他从来都是以一种谦逊平和的精神来评价自己。

为了让一个贫民窟的妇女可以出去走走，放松一下心情，他可以帮她照顾孩子，这并不是什么大事，可他愿意俯身去做，这难道不是他崇高人格魅力的一种展现吗？他对孩子们的无私的爱，让人们在想起他时，总会在脑中浮现出一个年轻的光芒万丈的形象，这也是人们对他的事业充满尊敬之心的原因。

如果你想了解他这方面的性格，不妨看看他的《写给孩子们的信》，书中有一封他写给自己侄女的信，可以充分证明这一点：

威尼斯，1882 年 8 月 13 日

亲爱的格蒂：

在威尼斯，街道上就有河，所以这里的小孩子们若是想洗澡，只要走到房前的台阶下，跳进河里就行了。昨天，我在河中看到一个正在努力游泳的小家伙，他的身上绑着绳子，绳子的另一端被抓在站在台阶上的保姆手中。每当这个小家伙游远了，保姆就会拉动绳子，将他拽回来。然后，我还在河中看见了另外一个正在游泳的小家伙，他的母亲将他拴在了门旁的柱子上，他想游到被拴在另一个柱子上的小孩身边，可惜距离太远，结果他们俩只能隔着河，用很大的声音聊天儿。这个城市很奇怪吧？你得时刻小心不要踩到别人，害他们被水淹到，因为你出门坐的不是马车而是船，用的不是马而是船桨。这是一个美丽的城市，这里的人非常聪明、愉悦，既活泼又可爱，特别是这里的小孩子。

晚上你坐在房中，会听到窗下有音乐声传来，你向外一看：在一艘船上，有几个人正拉着小提琴给一个唱歌的女人伴奏，这是一首献给你的小夜曲。要知道，在这里，人们的谋生方式基本就是乞讨，所以他们是收费的，可是这又怎么样呢？难道你不觉得他们的方式非常有趣，很享受吗？

请帮我和苏西说，我这次没看到女王。她不在这儿。不过有不少贵族和王子想知道图蒂的事，想知道她长什么样。我把她的爱转达给他们了。

安多弗一定有不少有意思的事吧，我相信这个夏天，你们在那儿肯定过得非常开心。很快你们就要回波士顿了，可以去我家看看洋娃娃和她宝宝的情况吗？不过就让她们在原来的地方待着吧，再用音乐盒放一段音乐，别把你亲爱的菲利普斯叔叔忘了啊！

Chapter 25▸

信　用

▶ 品德的核心就是信用。

——J.S. 怀特

▶ 在人类的众多品德中，我们更喜欢诚信。

——S. 布鲁克

▶ 新兵之所以能成为成熟的战士，就是因为日复一日地忠实训练。

——W.M. 邦森

▶ 对自己一切责任和义务的切实履行，是赢得成功的关键。

——迪斯雷利

▶ 判断一个国家是否文明，真正的标准既不是人口普查，也不是城市的规模和田地的收获，是这个国家所培养的人。

——爱默生

信用在成年的男女身上有，在年少的男女身上一样有。讲信用是说你要坚守自己的信念，不背叛也不抛弃它们，要对自己的职业负责，要信守承诺，不能食言而肥。

看过下面的这个故事，你就会知道我们想要说什么了：

为了救援困在滑铁卢的惠灵顿，布吕歇尔带兵在崎岖的山路上展开了急行军，可就在这时，军队中有人坚持不住了。他们说："怎么可能赶得到。"他回答说："必须赶到，我说过一定会赶到的，这是承诺，明白没有？你们不能让我言而无信。”当然，他们确实赶到了，这是众所周知的。因为他守信，所以惠灵顿能够大获全胜，将拿破仑彻底打败。

严格执行学校的日常工作，为很多伟大人物的塑造夯实了基础。对于一个年轻人来说，最能让他失去未来的评价，恐怕就是好逸恶劳和不思进取了吧。

罗斯金先生在谈及信用对英国年轻人有多重要时，说：“对于本国的年轻人，我只有一句忠告：不要虚度光阴，一时一刻都不能浪费，要从中挖掘一切可能性。在生活中，不要放过沙漏中的每一粒沙子。”

瓦尔特·司各特写信给正在上学的儿子，说：“你一定要记住，任何行业的人都要守信，这是一个共同的条件。要牺牲诚信才能得到的东西，毫无价值。如果想让知识在你的大脑中扎根，你就必须像在麦田中用犁耕种一般付出努力。对春天的疏忽，会让夏天彻底失去价值，如此，我们又能收获什么呢？等到人生走进寒冬，我们将完全不被尊重，只能独自老去。”

所以，每个年轻人都应该辛勤劳作，不让任何一天失去价值。天上地下，没有任何一个地方是给懒鬼提供的，人类以这种人为耻，他的本质是丑恶的，这点就算他有光芒四射的财宝或者社会地位也无法遮掩。扛煤也好，种地也罢，只要勤勤恳恳地工作，就比在奢侈的生活中当寄生虫有意义。

慵懒的上流社会在日常生活里的空虚和悲哀，可以在以下信件中看到。这是一位法国伯爵夫人写给在外的伯爵的信：“亲爱的丈夫，不知道该做点儿什么，就给你写信。提笔又不知该说些什么，那么就写到这里好了。你的疲累的，妻子。”

人类的才华有很多种分配方式，没有谁是绝对完美的。每个人只要切实履行自己的职责就好，我们没想让大家在自己的能力范围外创造价值。有些人运气好，无端就有很多机会和资源，有些人却没什么发展机会，可是不管是得机会青睐的人，还是不得幸运喜欢的人，没有谁的信用更贵重。

守信的人，在面对众多微不足道的事情时，会像自己在做一件崇高的大事一般；而在做众多崇高的大事时，也会将它们视作不值一提的非常简单的小事。这是通向成功的正道，它并不会因为你的社会地位和所从事的行业而有所不同。

在法国的多佛海峡，有个漂亮的海口城市，名叫加来，很多在英国和法国之间穿行的旅客，会到这个优美的小镇游玩。在临近城镇中心的地方有一座 36 米高的灯塔，在灯塔的顶端有一个旋转的信号灯，在海上，即使是超过 20 英里（32187 米）的船，也能看到它。

有一次，负责点灯的守夜人在一群参观灯塔的绅士面前骄傲地称赞这些灯，说它们有多美、有多亮。然后，有个绅士问他，“要是一不小心，有一盏灯灭了，怎么办？”守夜人回答说：“绝无可能，先生。”他满脸的不可置信，指着大海的方向说，“在那边我们视线达不到的地方，世界各地的船来来往往，只要今天晚上我有一盏灯没有点亮，不出六个月，或许是印度、太平洋的某个小岛，或许是某个我从未听说过的地方，就会发过来一封信，说在某天晚上的某个时刻，加来信号灯的亮度出了问题，守夜人的失职害得一艘船发生了危险。啊，先生，在夜晚，当暴风雨降临，一不小心就会发生事故。每当我看向大海，就会觉得，我的灯吸引了全世界的目光。我的灯熄灭了？加来信号灯出问题？不，这绝对不会发生。”

下边这个故事，你可以将它当成反面教材：

几年前，在大西洋岸边的一个救生站，一个值班员发现火药用完了。当时天气状况非常不好，最近的村落至少也要走两三英里（3218 ～ 4828 米），所以他就觉得：“这也不是什么大事，没必要为此长途跋涉。”结果不幸的事发生了，那天晚上，就在救生站的视线范围内，一艘船失事了。当时救人的办法非常简单，只要他用追击炮投射一根救生索过去即可，可是救生站偏偏没有火药。看着人们一个个地被淹死在水里，值班员知道，应该被问责的人只有一个，就是自己。过了几天，他就毫无悬念地被辞退了。

从某个方面讲，我们不该太过看重自己的感觉和期待，因为诚信一定会顾及在我们脑海中浮现出来的这一方面。查塔姆王曾经和儿子承诺，一定会和他一起去拆花园的围墙，可是他完全忘了这件事，等他回来的时候，围墙已经被拆了。而他为了让儿子知道自己的父亲一诺千金，他让工匠重新修建围墙，然后再拆一次。

忠诚也是一种诚信的形式，表现在某个方面就是爱国主义。一个不热爱自己国家的人，你觉得他会为自己的国家献上忠诚吗？当国家陷于险境，缺少此种感情的人，他本性上的瞻前顾后和胆小怕事就会显露出来，弄不好还会成为卖国贼。所以这种品德非常重要。这种品德对一个合格的公民来说，必不可少，事实上，一个人若是没有这种品德，连真正的成年人都算不上。共和制度是美国的梦想，它能否实现和这种品性不无关系。我们的国家之所以能够不停地推进自己的伟业，就是因为忠诚。

现在，全国各地的人都能听到此种诚信的召唤。在校园中，随风摆动的国旗在告诉美国的年轻人，他们应该对它所代表的政府献上忠诚。在一切知识殿堂里，星条旗迎风飘扬，我们的青年正在学习发挥个人价值和荣誉的方法。国旗背后的意义，是我们想象不到的。让我们时刻做好用充满喜悦的歌声和欢笑向它致敬的准备吧。

塞勒斯 •W. 菲尔德

首次将电缆铺设到大西洋中，是现代的一个史无前例的伟大成就。塞勒斯 •W. 菲尔德相信这件事可以成功，这让他非常振奋，他说服资本家投资这个项目，然后倾尽毕生之力来推进这一事业。他对这一使命的忠诚，一方面让他收获了价值，一方面也让他收获了两大洲人民的敬仰。

在他的不断努力下，英国政府表示愿意为他的公司提供便利，可惜美国政府那边只有一个参议院议员表示支持，有一位极具影响力的国会议员完全不认同这件事。

铺设电缆的工作分别交给了“阿伽门农”号旗舰——隶属于英国塞巴斯托波尔舰队，和新型巨型护航舰“尼亚加拉”——隶属于美国海军。可是，电缆刚刚铺设 5 英里，就因为和机械设施的碰撞而发生了断裂。在第二次尝试中，电缆在海底铺设了 200 英里，电源忽然中断。甲板上的人像看到了死神一般，既焦急又心疼。菲尔德都准备下令切断电缆了，电源却又忽然恢复了，就像它刚刚忽然失灵一般。第二天晚上，船舰以每小时 4 英里的航速行进，电缆又铺了 6 英里，而在蒸汽船发生了一阵剧烈的震荡之后，电缆再次发生断裂，并沉进了海底。

董事们失去了信心，民众也觉得这件事行不通，资本家们纷纷退缩下来，但是菲尔德仍然不肯放弃，他继续努力工作，几乎到了废寝忘食的程度。

第三次实验还是没能成功，可是种种艰险并没有让菲尔德先生退缩。他写好遗嘱，然后继续工作，他成立了新的公司，制造了新型电缆，这种新型电缆的强度比现今使用的所有电缆都强。1866 年 7 月 13 日又一次尝试开始了，而它结束的标志是纽约收到的一条信息：“我们抵达这里的时间是早上 9 点。感谢上帝，电缆终于铺设成功，这次的工作很完美。塞勒斯 •W. 菲尔德。”

这是一个关于忠诚在一项难度极高的工作中发挥重要作用的故事，它并不长，可是这项工作如此的艰难，耗费了整整十三年的时间，历经的痛苦和焦灼不计其数，然而塞勒斯 •W. 菲尔德这个名字和它背后的荣耀，会永远被欢欣鼓舞的人们铭记。

PART 3

成人篇

在这个转变期，我们往往要离开家，离开父母，去从事某项工作或者事业，有时还要建立新家，肩负起照顾新家的责任。所以，为了保护这个阶段的各项利益，我们一定要对这个阶段投入更多关注，特别是我们得了解一些曾经让其他有相似经历的人顺利渡过这一时期的情况和规范。

Chapter 26▶

转　变

▶ 能冲到社会前方的，是那些积极进取的人。

——威廉姆·布莱克

▶ 相比于得到的，卑鄙无耻的人付出的代价要大得多。儿子不该是男人的唯一角色。

——J. 斯戴普斯·怀特

▶ 名誉也好，羞辱也罢，都不会平白出现，想要获得荣誉，就一定要做好自己该做的。

——柏普

▶ 一个年轻人，如果只思考怎样才能坐享其成，而非如何通过诚信赚钱，其人生就到达了最黑暗的时候。

——贺勒斯·格里利

如果我们将从儿童到青年的这个时间段称为人生的第一个转变期，那么，从青年到成年的这段时间，无疑就是人生的第二个转变期。

在这个转变期，我们往往要离开家，离开父母，去从事某项工作或者事业，有时还要建立新家，肩负起照顾新家的责任。所以，为了保护这个阶段的各项利益，我们一定要对这个阶段投入更多关注，特别是我们得了解一些曾经让其他有相似经历的人顺利渡过这一时期的情况和规范。

深入挖掘我们自己的各种潜能，是我们的第一要务。年轻人总是忧心忡忡，他们对失败和一无所获充满畏惧。我们会对自己的每项价值进行统计。一吨炸药能发挥的威力有多大也是固定的，同样的，一个人有着什么样的性格和他能够做多少事之间的关系也是固定的。 数学是一门科学，“成功学”也是一门科学。资源的积累情况，即积累了多少基本素材，是成功的决定性因素。这件事存在于人的整个人生之中，就算再年轻，或者再年长，也是一样。这中间的道理，他在离世之前总会明白，并衷心地表示感谢。这个事实，他在早期的时候应该多少知道一些，如此，他就能及早构建一个基本框架，他的人生也能少些遗憾。

所以一定要认真观察身边的一切，以保证没有任何疏漏之处。不妨将心思放在一切深度的研究中，探寻一切晦暗不明的地方，如此，你就能掌握你工作和事业的方方面面。当一个人无所不通时，他在这个世界上，往往会有更多的发展机会。你彻底掌握的每一样东西，都会变成你未来整个人生的利益与满足的源泉。它能让你从众多夜以继日的焦躁中脱身。千万记得：整体是由局部构成的，想要掌握全局，就得彻底弄清局部。想要成为你事业的操控者，你必须彻底掌握它的每个细节。所以，在你的事业刚刚起步时，你应该下定决心汲取这些知识。

“现在各行各业都人满为患，我又能做些什么呢？”面对这个问题，莎士比亚的回答是：“人类的工作有一种以肆虐的洪水为开端，最终走向财富的趋向。”其实，机遇会出现在每个人面前，只是在它出现的时候，很多人都还没有准备好。成功的人会时刻准备好迎接一切突发状况，当机会降临，他们会抓住它，并加以善用。

很多年轻人将自己总是处在低迷阶段，作为自己所发生或所做的每件事的借口，然而，事实的真相或许是他就愿意处在低迷之中。无论如何，我们越是知道成功者的经历，就越明白：成功者的出身越低，他就越会努力获得更高的身份，会自己创造一条通向大海的洪流。

一切事情，只要你能接触到，你就应该了解清楚，这样，你才能获得事业的成功。不要忘了这不仅关系到你的自身利益，也是你对雇用你的老板的责任。要全面地思考问题，不能怕麻烦。要对所有问题进行调查，弄清一切，抓住一切，最后掌控一切。事业就像一台由很多复杂的零部件组成的精密仪器。你必须研究它，掌握它的每一个零部件，并主动探明它们的装配方法。

你若梦想有一天自己也能成为老板，就请将这个想法放在心上。最理想的情况是，我们的言行举止让我们在同事中间极具威信。可惜，能够满足这种愿景的条件，在这个世界尚未出现。每当你觉得某个人在某个方面值得托付时，你就会发现他还有很多缺点。你若是无法了解自己工作的方方面面，就必须找别人帮忙，结果可能会遭到欺骗。如果在你事业刚刚开始的那个几个月，你没有认真观察、努力学习，那么在你整个的老板生涯中，你都有被骗的危险。

还有一点，你务必记住：想要在人生中拿到分红，个人不付出足够的努力，是不可能的。先播撒种子，然后收获果实，你能收获多少，是由你播撒了多少种子决定的。年轻人也好，麦田也罢，你能拿到多少利润要看你付出了多少成本，如果你在春天时没有往田里种任何东西，到了10月，你的粮仓里又怎么能有粮食？年轻人一样应该知道“免费的午餐”这种事虽然好，可是在生活中并不会发生，成功的“捷径”是不存在的。

成功的含义从来都是战胜困难之后赢得胜利。若是哪个志向远大的年轻人，从一开始就没有遇到任何阻碍，没有遭受过风雨的洗礼，你觉得他的“勇猛”在他未来的人生道路上，在他面对强敌时，会给他提供什么帮助吗？

年轻人喜欢互相模仿，你有责任让你的言行成为比你更年幼的人的好榜样，而不是成为将他们带离正路，让他们忘记责任的元凶。就算是比你年长的人，你对他们也有这个责任。当他们慢慢卸下身上的重担，他们多多少少都有需要你的地方，所以你应该严格履行自己的职责，如此，整个体系才能有序地走下去。

如果你能让自己保持平和的心态，在做选择时认真思考，一旦选定就坚持到底，那么你就会拥有稳重、坚毅的性格。相反，如果你喜怒无常，在做选择时摇摆不定，又没有坚定的意志，这一个又一个的性格会让你成为一个轻信、鲁莽的人，你会很容易就树立一个目标，然后又树立一个新的目标，就像在接连不断地做梦。人生如果一直在心理斗争中度过，那么，无论是你还是模仿你的人，最后的结果都只能是失败。

这种过渡或不稳定的状态，并不会一直持续下去，对于青年人来说，早晚都得定型。事实上，这个阶段是塑造你人生基本性格的绝佳机会，所以你一定要非常谨慎，毫无差错地让这个“观察期”确定下来。为了让你未来的人生变得更加强大、富足，过得更有意义，请一定充分地善用这个阶段。

Chapter 27

秩　序

- 诚实有一个孪生兄弟，就是精准。

——C. 希蒙斯

- 想要得到好的结果，没有条理是不行的。

——麦考林

- 一个地方什么都有，那么那里每种东西的位置一定是固定的。

——古代谚语

- 一切有智慧的生物都得遵守秩序。

——布莱基

- 什么是秩序？智力高超、身强体健、城市平稳和国家安定就是秩序。

——骚塞

我们很难将“秩序”和“条理”这两个词区分清楚，因为它们非常接近。有人说：“上帝制定的第一条准则就是秩序。”有人说：“条理是实现目标的正确手段。”从这两句话中，我们应该可以看出一些差别，而将这两个词整合到一起，就覆盖了我们如今应当遵守的所有思想原则。

和过去的孩子比，今天的孩子已经没那么热爱阅读了。他们上的幼儿园，是一种以玩儿为主要内容的学校，可即使是在这种学校中，也要遵守一定的秩序，这对他们的成功至关重要。任何一所学校想要顺利完成工作，都得借助于秩序。

维克多·雨果曾经说："有些人每天早上就对自己的全天的行动有了计划，并且会按照计划执行。生活的迷宫最是让人眼花缭乱，而这样的人就像是给自己划定了一条能够带着他悠闲地穿过迷宫的线。他对自己的时间进行了有序的部署，如此一来，就给自己要做的每件事安排了一缕阳光。相反，若是没有计划，就相当于把时间交给了随机发生的事，如此一来，每件事都会乱七八糟，不仅分配得不合理，还没有经过认真分析。"

一切天赋都比不上有条理，"不屈不挠"这种品格强过人类获得的一切成就。通常来说，一切阻碍都无法抵挡这两种力量的合力。在这两条原则的指引下，年轻人将能担负起任何工作，遵从它们吧，它们能为我们扫清人生路上的所有阻碍。一个人已经养成的习惯和技巧或许难以应对已经确定的未来之路，可是年轻人若能养成有序、有组织、有上进心的习惯——就像其他习惯一样，这种习惯也很容易养成——就能收获远比那些轻易就能得到的事物，比如财富和名誉，更多的利益和欢乐。

瓦特斯说："研究如何投机取巧，不过是白费功夫，所以不要那么做。想要成功吗？那么请制订一套方案，确立一个目标，然后围绕它努力奋斗，并掌握它的方方面面。所谓投机取巧，就像一位女士想着或许某一天就能用得上，就在拍卖会买了一个精钢制造的刻着'汤姆逊'三个字的门牌，这是一种没有明确目标，但寄望一时有用而付出的关注。"

当男孩和女孩富有条理时，他们会成为出色的学生、可信的朋友和优秀的策划人。他们通常不会做错事，能成功地肩负起一切工作。天才不是秩序创造出来的，可是一个不讲究条理的天才，等他长大成人之后，会因为自己从小就没有条理，因为自己原本能做得更好，而觉得非常烦恼。以有秩序的"习惯"为起点，第二天开始追求有条理的"思考"，然后就能按部就班地遵守"规范"了。

柯伦说："格拉顿，如果你能买几码红绳，扎好你的账单和文件，你就会在你的同龄人中，成为最优秀的那个。"柯伦发现讲求秩序的人会像准则一般正确，成为成功者。

纳撒尼尔·埃蒙斯的学识得到了整个新英格兰的认可，他曾经说过要是没有秩序，他很难展开工作。在50多年的时间里，他书房的椅子一直摆在同一个地方；他总用同一个挂钩挂帽子；壁炉的北边永远是铲子，南边永远是钳子；他说他能在三四分钟之内，找到自己需要的一切信息，因为他的文件和书始终井然有序。

温德尔·菲利普斯对完美的要求，已经到了人们无法想象的程度。他要求自己说的每个词都要精准地展现自己的意愿，每句话都要长短合宜、抑扬顿挫，并经过反复斟酌。他有着准确性极高的风格。所以，他是美国法律方面最出色演说家，这点毋庸置疑。他的每句话都有丰富的味道和非常完美的节奏。

A.T.斯图尔特做得每件事都有极高的条理性和准确性。他的商店的各个部门都井然有序，他会重罚那些失责的人。他对自己工作的所有方面和一切细节都了如指掌，并且非常勤勉。

人们再三强调，诺亚·韦伯斯特之所以能够只用36年就完成字典的编撰，就是因为他制订了严密而有序的计划。他自己也说，秩序和条理起码让他少花了10～20年的时间，让他不必困于不计其数的焦躁和麻烦之中，无法脱身。

想要获得秩序，儿童首先得养成好的习惯，他得守时、干净、整理杂物。可是你不能让习惯控制你，如果只能在特定的时间，按照特定方式做事，不如此就什么都做不了，你将很难为了某些更有价值的事而采取某些新手段。

可是，秩序确实力量强大。作家伯格曾经讲过一个故事，说一个人刚刚开始自己的事业——开了一家店面——每天都按照固定的时间开门和关门。就算少挣两分钱，也不会推迟关店时间。最后别人注意到了他的经营模式，他的财富之路至此平顺起来。

瓦尔特·司各特曾说：“一支军队，如果走在前边的人总是时快时慢，不停地干扰后方，那后方必然大乱。这也适用于工作中。当你接手一项工作时，若是不能雷厉风行、稳定、专注地去做，早晚会将大量工作累积到一起，这种纷乱谁能受得了？”

对秩序来说，再没有比懒惰更大的敌人了。相比于“愿意做”的事，“不得不做”的事就是个不小的麻烦。在思考、看书和谈话时，年轻人应该选择一种有条理的方式。

国家、政府、城市、家庭，都需要井然有序。试想一下，若是所有人都无视他人利益而恣意妄为，例如想什么时候吃饭、办派对、上学都行；人人都能随意召开首脑会议、举行总统选举；监狱和医院，想进就进，想出就出；所有人都能当自己是总统；所有人动能当自己是警察；所有人都不对自己进行约束，那么还有人能安安稳稳地生活吗？

还有一点，值得我们注意——我们必须有强大到足以控制我们习惯的原则。在习惯的影响下，我们或许会变得过于苛刻和不好相处，可是原则却能让我们拥有开阔的心胸、深远的目光和柔软的心肠，让我们自强不息。对秩序的一丝不苟，是获得成功人生的决定性因素。秩序的价值就在于重要的事，所以务必先做重要的事。有些年轻的男孩和女孩，可以将自己的房间收拾得井井有条，可是做事时却没什么条理，手忙脚乱地不知道先做什么好。一个有条理的人，做事不会重复，他会制订好计划，并为计划的实施预留时间，若事情完成时还有余暇，他会用来做别的事或者去玩乐，将所有时间都彻底使用起来。

约翰·卫斯理

约翰·卫斯理之所以能够创立卫理公会，和他从小就是一个有条理的人，有很大关系。1703 年，卫斯理在英国的厄普沃降生，他们家有十九个孩子，但能活到上学的只有十个。他的弟弟查理和他关系很好，两兄弟在剑桥上学期间，联合其他两个朋友组建了一个小社团——某些人用嘲讽的口气称它为“高尚会”。他们准备了几组需要背诵、考试的问题。他们生活的规律性和学习的方式，渐渐让他们又有了一个新称呼“卫道士”——这个词是用来指代一类古代医生的。这个奇怪的名字被迅速传扬开来。他们去慰问穷人，时常拿出一些值得大家共同思考的问题和原则。

就算他已经长大成人了，他年轻时养成的讲求条理的习惯也一直引导着他。你无法想象他的工作量有多大。1791 年，他的生命走向了尽头，而在此之前的三年里，他一直一边与病痛抗争，一边以更大的努力进行布道。他不喜欢浪费时间，一分钟都不行。他没有一种习惯是不讲求秩序的。在他 40 年的游历中，骑马和看书总是相伴进行。他布道 4 万次，撰写了大量的书籍和文章，他捐出的善款总计 15 万美元，以当时的环境来说，这无疑是一笔巨款。

对秩序的钟爱，无疑是约翰·卫斯理成功的关键，他还对它进行了提升，于是有了“卫理公会”这个规模宏大的教派，而教派的良好规范也充满了条理性。在他离开人世时，教派的规模已经达到了 8 万人，这一成绩的最大功臣自然是它的领导者——平凡又伟大的约翰·卫斯理。不过，对秩序的热爱，并未影响他对备受贫穷与病痛折磨的民众的关爱，他一直想要帮助每一个人。

Chapter 28▶

敬　畏

▶ 品性高洁的成年人头上定然戴着敬畏的桂冠。

——C. 金斯莱

▶ 一个人性健全的人，是不会讥讽敬畏之心的。

——T.T. 芒吉尔

▶ 只有对爱充满敬意，才会真的产生敬畏。

——W.B. 柏普

▶ 我们这个时代有太多光芒四射的东西，能够真正得人敬畏的，必须是最纯净的事物。

——威尔伯福斯

▶ 不管是对个人，还是对家庭或者整个民族，幸福都是一种必不可少的精神，敬畏也是如此。

——斯迈尔斯

"敬畏"这个词，不存在同义词，无可取代。它和尊敬、看重、畏惧或者爱戴都不一样。畏惧或许和它有些相近之处，可是它除了畏惧，还包含另一种情感，这种情感是通过用爱和温柔对畏惧进行软化、打磨产生的。

敬畏是一种既不会让人什么都不做，又不会让人刻意去做什么的思维和情感的状态。不要以为它会压制人的感官，相反，它会让人的感官更加敏锐。敬畏即使在宗教中，代表的也是某种宗教观念和生活模式或者提升工具，而非宗教自身。

有没有敬畏之心，关系到我们是否能更好地享受这个世界，所以非常重要。有些人无论何时何地都能发现幸福，生活的每时每刻都如度假一般；可是有些人无论你什么时候看见他，都像是刚从葬礼上回来一般。有些人无论在哪儿都能看到融洽欢愉；可有些人的眼睛却如同取材于烟熏玻璃，整个世界在他眼中都是灰的，哪里有什么美的地方。有些人眼中有一座枝繁叶茂的公园，所以满眼的石头小径、素材和木头；可有些人根本看不出公园有哪里是美的。一朵玫瑰美丽得世所罕见，有些人能看透它的深意，见它色彩变幻便知什么是美，见它甜美芬芳便相信上帝确实存在；可有些人却只将它视为一朵最寻常不过的花。

一个不懂得敬畏的灵魂，是听不到更高层级的乐声的，更不要说从中发现愉悦和希望了。敬畏将财富埋藏在真诚、进取和有志向的灵魂中，它仁厚、严肃、积极，即使是日常生活的最晦暗的地方，它也能从中挖掘出各种机会。

其实自然的真谛，特别是人性，只有真正有敬畏之心的人才能领略到。蛮横的人不会时常记得老人的恩德，不仅如此，有时还会蔑视老人，可是，有敬畏心的人却知道应该关怀爱护老人。

尊敬、敬畏老人，是过去斯巴达年轻人学得最多、记忆最深的一门课，他们会抓住所有机会，例如敬礼、让路，在路上偶遇时让地儿，在一切社团和公共会议中起立，来展现自己的敬畏。不过面对老人的建议，甚至责备，虚心接受最为关键。

有一次，雅典某家大剧院有一场精彩演出。作为客人的斯巴达小伙子们被安排在了一起，距离他们不远是雅典的小伙子们。在剧院里，人非常多，这时一个瘦小的老人拄着拐杖走了进来。当时剧院中已经没有空座。雅典的小伙子们将老人喊过去，可等老人千辛万苦地挤过去之后，大家却都不愿意将座位让出来。看到这种情况，斯巴达的小伙子将老人喊了过去。在老人尚未走到跟前时，所有的小伙子都摘下帽子，站起身来。等老人坐下后，他们静静地重新落座。雅典人见此不由得热烈地鼓起掌来，这时老人站起身大声说：

“雅典人知道怎么做对，而斯巴达人做了对的事。”——他的声音传遍了剧场的每个角落。

德国伟大的思想家歌德曾经说过，年轻人应该学会的敬畏之心有三种：一种是对上司的敬畏之心，一种是对同辈的敬畏之心，还有一种则是对下属的敬畏之心。这种说法是对旧有思想的一种扩展，不过现在我们已经到了共和国时期，阶级已经不再是衡量敬畏之心的标准，它和地位的高低没什么关系。它是一种要求我们每个人互相理解的精神，特别是体谅那些能够激发我们敬佩和尊重之情的人。

敬畏心可以养成，而我们这个时代正需要养成敬畏心。这个社会的“聪明人”太多了。一种鲁莽、讥讽的风气在我们这个社会，甚至全世界盛行，毫无疑问，这是过去忧伤和严苛之风的残留。然而，想让我们的社会有充足的，举止优雅、规范，或者真正品德出众的人，恰当的敬畏不可或缺。

想要拥有敬畏之心，就要少去挑拣别人的错处，多看别人的优点，要和品格高贵的人交往，看有意义的书，用雅致言辞交谈，要知道最出色的人的思想，然后向他们学习、靠拢。

所以不要将畏惧当成敬畏，敬畏包含了惊异之心、严肃之意和敬重之情。“它是一种习惯性的敬仰，可以在一切事物中挖掘出珍贵与美好。”通过它，人们能够收获很多东西。它能明确地告诉我们，我们的行为和习惯是否正确；它能让我们不做莽撞的事，不说轻率的话；它能让我们懂得尊敬老人，对过去的经历心存感激。总之，那些培养自己敬畏之心，拥有敬畏之心的人，会通过它得到真正的恩赐。

亨利·华兹华斯·朗费罗

美国最负盛名的诗人——亨利·华兹华斯·朗费罗，就是我们选定的用以阐述这一特性的典范。他始终是一个充满敬畏之心的人，无论他的身份地位有了怎样的变化。他的每一首诗都洋溢着圣洁和肃穆。他赋予生命一种“庄重、真实、融洽的解读”。1807 年 2 月 27 日，朗费罗在缅因州的波特兰降生。他从小就是一个温厚、热情的人。这种性情贯穿了他的整个人生，让他的人生充满美好与阳光。

他在很小的时候就已经展现出他聪慧的一面，他 14 岁就成了博多因学院的学生，后来成了这所学校教授现代语的老师，1835 年，他又成了哈佛大学的现代语老师。

他起码去欧洲游学过两次，第二次游学回来之后，他开始正式成为一名老师和作家，就此展开了光辉的职业生涯，赢得了全国人民的爱戴。朗费罗在剑桥边上选了一处房屋居住，那是一个很有纪念意义的地方——1776 年，华盛顿出任美国陆军司令时就住在那儿。这是一所布满窗户的宽敞建筑，在它周围有一片历史悠久的榆树林。他在这儿生活了一辈子，如今以这所房子为起点一直到查尔斯河的这片区域，已经被买走，成了专门用来纪念他的地方。

我们不需要将朗费罗的著作一一罗列出来，因为美国和英国的每一户人家都收藏了他的著作。创意并不是他的诗能够成名的最主要的原因，它们流露出的平静，传递的丰沛的精神信息，还有它们所拥有的净化人心的力量才是。友善、志向、信赖、纯净、圣洁……是它们的基调。事实上，朗费罗“喜欢将自己视为信徒，爱是中心思想，面对的是每个人，那里是和平和正义的国度”。

让人印象深刻的并不只是朗费罗的文学成就，还有他崇高的品性。拜访他的人数以千计，他没有遗漏过一个人；任何人向他索要签名，他都欣然同意；他得到了每个孩子的喜欢；他有很多善行；他鼓励年轻作家。对于自己的作品，他始终怀有谦卑之心，对于他人的作品，他总是大力称赞。他的灵魂如此高贵和优雅，世所罕见，很多真正认识他的人，都终生以此为荣。对于世间的一切事物，他都从灵魂深处怀有敬畏之心，为什么直到他无法动笔，他自己还有他的诗都始终充满了耀眼的光芒，原因就在这里。

他于 1882 年 3 月 24 日离开了人世，而在他离世之后，他仍然获得了不计其数的名誉和头衔，他的拥趸遍布大西洋两岸，他们向他献上了最崇高的敬意。他敬畏的精神已经融进了他优美的诗句中，将传递给每个读者。

Chapter 29 ▶

领　悟

▶ 当思想和感情融合到一起，就有了领悟。

——J.F. 克拉克

▶ 一切命运的出现，都伴随着领悟。

——R. 骚塞

▶ 孩子是世界上最美好而纯净的存在。

——J.S. 怀特

▶ 诗歌和艺术以领悟为灵魂和命脉。

——J. 弗拉克斯曼

▶ 包裹着想象力的水晶如此美丽，而领悟这种情感就在其中。

——J.R. 洛厄尔

领悟并不是一个容易定义的词汇，下边的描述或许能帮助大家更好地理解：“它是让大自然或者艺术完整起来的色彩。无色的风景是无趣的，空洞的性格也一样。它能将生活中寻常事物和特殊事物凝结到一起，所以我们不妨当它是水泥。若是没有按照图纸将石头和砖固定在特定的位置上，将其打造成一个建筑，它们就无法发挥效力。同样的，自私和粗俗的性格也无法与高洁的感悟融合。换言之，人们因为感悟拥有了翅膀，拥有了飞天的力量，让他们不必去过庸俗和无用的生活。它让普通民众成了充满激情的爱国者，让穷苦的年轻人成了诚挚的政治家，让生活有不计其数的向更好的方向发展的渠道。”

我们有这么一句格言：“诗歌和艺术以感悟为灵魂和命脉”，这种说法或许能减轻我们理解的难度。经过修饰的散文，或者说散文经过理想的加工，就成了纯粹的诗歌。“它是被描绘成了人类情感的一种对永恒的憧憬。”伟大的思想家或者天才以它为手段，将故事、传说和思想编织成一张处处精致、处处完美的网，它能俘获人们的感情和思想，震撼人们的心灵。诗歌是对语言的完美化，它拥有强大的力量，可以让原本不过简单堆砌的词语，变身为一幅不需要描绘就能展现出来的华美的画卷。

诗人霍姆斯有着惊人的领悟能力。他是如何看待花朵的呢？我们不妨听一听。

“是什么让诗人如此喜欢讨论花呢，你想过吗？你见过一个不曾提及花的诗人吗？你发现了吧，诗歌想要富有生机，就一定要有它们的身影。缺少了它们的诗句，就像句子没有了‘a’、‘e’以及其他元音。所以，不，在时间消逝之前，它们将永远如同绽放在夏日的田野中一般，在诗歌中绽放，永远让我们拥有熟悉、纯净的感觉。”

“我琐碎的性格是不是已经惹恼了你？在我心中怒放的情感，当我将它像一朵郁金香一般展现在你们面前时，你们就会知道，那些迸发、错落的情感，有时已经称得上太过敏锐了。别将我当成傻瓜，我如此请求你们，我并不觉得自己特殊。因为你们和我是一样的，我会说的，因为我知道你们会聆听。迸发、错落的情感，每个人都会有，我们用一样的双手和画板将它们呈现出来，只是选择的色彩和表达的方式有所差异罢了。”

有人说，生活中没有可以容纳领悟的空地，还有人将这句话落到了实处，这不就是说，生活中没有趣味吗？可是，没有人会真的说生活就是没有趣味的。例如，我们时常会听到某个开心的孩子大笑出声，而且那是一个纯粹的笑声。所以我们必须说生活是有“趣味”的。欢笑声和歌唱声能够点亮时光的忧郁。

不管是枝头、山坡、山峰、潺潺的流水、汹涌的浪涛，还是阳光、影子和狂风，当我们注视它们时，我们心中深沉的情感便会浮现出来。在树丛中，或许会有一只正在唱歌的小鸟，在浓密的林荫里，或许会有一只带有着五光十色美丽胸羽的金莺，忽然出现在我们眼前。在所有的时光中，大自然从不忧伤，它总是用歌声和欢笑让人类感受幸福。只要我们走近大自然，我们心中的情感就会像泉眼中的水一般，喷薄而出，没有任何阻滞。

生活中的世事变迁会让我们有所领悟，即使是残酷的战争，也无法彻底抹杀人们心中的情感，这是领悟最好的展现形式。

菲利普船长和“德克萨斯”号上船员们的品格，几乎感动了每一个人。圣地亚哥之战即将爆发，一天下午，他们满怀赤诚之心，摘下帽子，矗立于甲板之上，这个充满骑士风范的老海员说：“我要告诉大家我是相信上帝的。我希望每个士兵都能脱帽，在内心深处高喊感谢万能的主将胜利赐予我们。”让这位将军摘下帽子献上敬意的，难道只是打败了敌人吗？不，他之所以心潮澎湃，还有正义取胜，以及在自由道路上进步的原因。

我们时常探寻的真相，决定了我们能否在生命中有所领悟。地质学家看到铺路的石头，就能知道用了哪种设计和布置。植物学家看到被大多数人踩踏的花草，就能知晓很多其他内容。天文学家的朋友很少抬头欣赏的天空中的星星，却能让天文学家如痴如狂。想让我们心中的感恩和热爱之情自然而然地喷涌而出，并不是一件难事，只要我们追逐的是美和纯净，它们通常很快就会出现。

我们的心绪可以影响大自然。当我们欢笑，她便欢笑，当我们哭泣，她便落泪。当我们满心欢喜，每只鸟的歌声都会更加甜美动听，我们的低声吟唱，会得到树林和流水的应和。当我们悲痛万分，大自然的脸庞也会被阴云覆盖；明媚的阳光无法突破我们的心房；连鸟儿也像是在为别人鸣唱。当我们将大自然的优美乐声排除在外，每一种事物都黯淡无光。一个缺少领悟力的人，如何能既广博又高贵？所以我们决不能没有领悟力。

想让工作变得幸福而有意义，领悟至关重要，这点无论我们从事何种职业，都必须时刻铭记。再没有比领悟更值得我们重视的珍宝了。当我们陷入低谷，它们会鼓舞我们，当我们被寂寞侵蚀，它们会为我们歌唱，有了它们，我们永远都不会老去。伟大的诗人和高超的音乐家能让我们的心永远纯洁、善良、美好，它们也是如此。

个人的崇拜、敬畏和志向与此种性格密切相关。道德决不能和领悟或者感情断绝来往。在领悟的指引下，我们会对那些崇高的地点和创立纪念日生出崇敬之情，会让我们在那个地方、那个时间唱出我们心中的感激。它会让我们在各个方面都过上有意义的生活。与此同时，民众的感情和想法，我们也不能忽视。说到民众的感情，它往往是在漫长的发展和积累中，在证据、条件和环境都成熟之后，忽然喷涌出来的，并非自发或者独创的结果。它和教育相关，将它灌输给民众的往往是那些在社区中最有知识，也最有号召力的力量，而民众接收到的思想通常只属于某个阶层、派系或者圈子，要知道，它往往会成为传播邪恶的推手，只有少数人能从它的存在和持续中获益，所以是对是错，还不一定呢。

不过说到底，民众的情感还是由个人因素决定的。我们必须时刻提防个人情感，要知道，我们每个人都影响了它的形成，而且它切实地包含在整个社会的情感中。

路德维希·凡·贝多芬

或许我们可以下这样的定论：在领悟的辖区中，音乐之国首当其冲。音乐可以提升我们的思想和感情的层次。曾经有人说过这样的话："作曲家的世界充满了感情，无处不在的微妙喜悦和伤感，如同夏日不停在蒙昧者的耳边环绕的虫鸣。"

此间，我们尤其要说的就是路德维希·凡·贝多芬。1770 年，贝多芬在普鲁士的波恩降生，他的父亲也是一位音乐家，可惜脾气不好，焦躁易怒且喜欢喝酒。他们家很穷，为了挣钱，路德维希很小的时候——还不到四岁，就开始学习小提琴，而且训练十分严苛。他的进展非常快，九岁时，他的父亲就没有能力继续教导他了，只得另外找人学习。十五岁时，他成了皇家风琴师的助手。在皇家乐师们的口中，他是一个“年少有为且充满力量，但既穷困又沉默的人”。

皇宫中的人都非常敬佩他，他的名声越来越响。他总是处于沉思之中，将现实的事务抛诸脑后。下面这个例子充分证明了这一点。他觉得水流动的声音很美，于是经常让水流过掌心，一边轻声吟唱，一边在脑海中弹奏乐章，结果漫过地板的水惊扰了楼下的邻居。

他竭尽所能地支持民主，在他看来，在法律面前，每个人都应该拥有同等的权利和自由。有一次，在法庭上，有人要求他证明自己的高贵，他指了指自己的头，又指了指自己的心脏，说：“我的高贵，存在于这里，和这里。”他有很多奇怪的癖好，这是因为他的神经一直绷得很紧。这使得某些和他不熟的人叫他“怒吼的老熊”。弥尔顿的诗歌是崇高、豪迈、肃穆的，贝多芬的音乐也是这般。

1827 年 3 月 26 日，贝多芬在一场可怖的暴风雨中离开人世，维也纳没有一个音乐家缺席他的葬礼。致哀的人多到必须出动警察维持秩序，才能让送葬的队伍继续前进，从他就家到教堂这段路并不长，可是足足走了一个半小时。

对音乐的感悟可以升华人的思想，让它处在一个完整的状态中。音乐中的伤感是性格力量的强大对手，这毫无疑问，尽管它不会一直影响我们。另外，这一真理对于我们生命中的其他特性，也同样适用。

Chapter 30▶

责　任

▶ 责任会带领我们走向荣耀。

——但尼生

▶ 无论何时何地，责任感都伴随着我们。

——韦伯斯特

▶ 只要想到我已经完成的责任，我就像“静夜中听到了乐声”。

——乔治·赫伯特

▶ 生命在睡梦中如此美好，而当我醒来，我发现生命就是责任。

——E.S. 胡珀

▶ 权利是力量之源这种信仰，会告诉我们什么是责任，会将履行职责的勇气赐予我们，所以让我们相信它吧。

——A. 林肯

针对这一论题，塞缪尔·斯迈尔斯曾经写过一本书，非常经典，他说：“生活的最终目标和结果，就是责任，它切实存在。”人生之中，还有比责任更崇高、更好的口号吗？一个切实履行责任的人是真正的成功者，因为他们活得真实。在生活的各个环节和各种关系中，都有它的影子，人生没有任何一个时刻、地点和情形，是没有责任相伴的。

成功的一个关键因素，就是听从职责的命令，赋予自己的愿望以实际价值。人类的种种高尚品性之所以能在生命中出现，就是因为听到了责任的召唤。

责任是一种不需考虑是否舒服、不计牺牲或死亡，而必须去做的事情。就算在民众面前，它也必须悄无声息地去做。评判我们的真正的标准，就是我们在这方面有多忠诚。

不管是翻看史册，还是名人传记，我们都能看到大量关于忠于职守，然后取得辉煌成绩的真实案例，像是特拉法加的纳尔逊、沃尔斯会议中的路德、内战时的格兰特将军，以及其他众多广为流传的事迹。这种高贵的行为在普通人身上也可以看到：火车上的工程师、遭遇暴风雨的舵手、日常生活中的母亲、遵从法纪的商人、努力学习且胆气过人的学生、在贫民窟降生且用自己的光芒驱逐黑暗的革命家……这一切相近的事迹，都能启迪和引导我们。

责任可以分为两种，一种是愉悦的，一种是苦恼的。一部分人说的是“我要做什么”，而另一部分人说的却是“我不得不做什么”。在新英格兰，我们的祖先一直忠于职守，却从来不觉得职责中能有什么趣味，以他们当时所处的环境而言，这无可厚非。我们应该在他们的基础上找出更好的方向，可在信仰这件事上，我们却发现自己和他们有很大的距离。

瓦尔特·司各特的人生非常有趣，他是忠于职守的典范。责任感贯穿了他的整个人生，要知道，他年轻时就因父亲的期望，而选择了一个他完全不喜欢的职业。后来，他因为自己也是出版社一个合伙人而扛起了出版社欠下的债务，尽管大家并不知道他是。他曾经说过：“一个不糟蹋自己身体的人，不会害别人为他损失钱财。”从这句话中，我们就能看到他的责任感。

下面的故事可以很好地解释什么是尽忠职守。相信很多人都知道1780年的“黑暗之日”，在康涅狄格州，不少家庭都点燃了蜡烛，家禽也都归巢了。人们相信“审判日”已经来了。当时，立法机关正在哈特福特开会。众议院暂时中止了会议。当时的议会，也就是现在的参议院，也想暂时休会，但是达文波特上校并不同意，他说：“审判日是不是已经来了尚未可知，如果没来，我们有什么理由休会？如果来了，我希望上帝可以看到我正在坚守自己的岗位。所以，让我们点上蜡烛吧。”

对于世界上发生的那些著名战役来说，还有什么比坚守自己的岗位更重要的呢？吕岑一战，澳大利亚有 8 万人，而弗雷德里克大帝只有 3.6 万人，可他仍然打赢了这场仗。这位帝王在开战之前将所有将领叫到面前，和他们说：“我将在明天和敌人决一死战，这场战争将决定以后谁是西里西亚的主宰，所以我要求你们每个人都恪尽职守。你们之中若是有谁胆小怕事，请向前一步，我不想到时他将别人也带成胆小鬼。我保证，只要有谁向前一步，我就会让他走，不会责备他，也不会做其他动作。我相信你们全都是真正的英雄豪杰，并不缺少胆量气魄，你们也愿意用它来捍卫自己的国家、国王和你们自己。我会身先士卒，和你们一起战斗，我会出现在大军的前方和后方，注意到每一个人。我会赐予每个恪尽职守的人以奖赏和荣耀。”

惠灵顿公爵，也是一个伟大的军事统帅。他曾经告诉朋友：“人生之中，值得你为它而活的东西非常少，甚至可以说完全没有，但是每个人都在一步步地向前走，在践行自己的职责。”不管是在家庭生活中，还是在战争中为国家效命时，他始终以责任感为最终目标，这目标最能激励他前行。这件事能不能给我带来名望？这场仗能不能让我更加显赫？这种问题他从来不会问，他只问：我要做什么？他所做的都是分内之事，时刻按照职责要求的去做。如果有一件事，他认为是对的，他就会坚决执行，正是因为这样，他在伦敦街头遭遇刺杀，他的家被乱民攻击，连他的妻子都死在乱民手中。可是如今还有谁比他更值得我们永远铭记吗？他的事迹值得我们了解与仰望。

在生命的旅程中，我们应该如何践行人性与责任，上面的故事无疑已经告诉我们了。它总是在我们现实工作中，选择恰当的时机出现，既让我们钦佩，又让我们着迷。它受不得一星半点儿的侮辱和损失。它在人们的信仰中巍峨耸立，它的后盾是清晰的是非观和强大的愿景，它需要人们认同，人们也很少让它失望。

维苏威火山喷发的火山灰淹没了庞贝城，600 多年之后，探险家让这座城市再一次出现在世人面前。在这历经几个世纪的荒芜中，不管这些悲惨的人们曾经想要逃向何方，都停留在了死亡的那一刻：有些人在高处的阁楼中，有些人在深处的地窖里。还有一些人在街上，当火山灰从天上向他们扑下来时，他们正在拼命逃亡，尽管那毫无希望。不过，有一位罗马哨兵仍在自己的岗位上傲然挺立，他的双手已经变成了白骨，却仍旧死死地握着剑柄，他让我们看到了一个忠诚的战士的英姿。这是一个需要他坚守的地方，他将生命交给了这里。

不要说你对人类没有价值，你没有这个权利。我们必须铭记，志向远大的个人能够带给人类的利益，远远比不上所有人坚守岗位所创造的价值。如果你想有所斩获，不妨将整个世界当成自己的债主，然后选择对的时间和地点，履行合理的责任，这远比其他路径有效。

赫雷肖·纳尔逊勋爵

1758 年，赫雷肖·纳尔逊在英格兰的诺福克郡降生，他成年的时候，战火已经席卷了欧洲的所有国家。他少年时就是个喜欢冒险的人，所以选择当一名水手。他的天赋和机遇，在刚入行时就显示出他早晚会成为大不列颠变身海上霸主的首要功臣。

当时纳尔逊的时代尚未来临，大不列颠只用了短短几个世纪就迅速发展为商业大国。很多海上英雄因为捍卫英国的商贸活动而获得了赫赫声名，其中尼尔森的成就最大，有着旁人无法企及的号召力和影响力。他的天赋极高，是个头脑灵活且雷厉风行的人。纳尔逊将捍卫英国的海上利益视为自己的责任，他带领的海军赢得了所有人的信任，不管是男人还是女人。他的英雄主义的灵魂被爱国主义的烈焰点燃。他对桑顿勋爵忠心耿耿，坚信最出色的英国水手是最好的职业，这是他的信仰，他对此坚定不移。他一次次地获胜，尼罗河之战更是让他走上了辉煌的顶峰。从这一战开始，即使最强悍的敌人，在面对英国海军时也会心生畏惧。英国舰队最大的优势主要来自他的才能。几年之后，英国海军在他的带领下开始东征西讨转守为攻，而主要原因，大抵就是他的名字已经可以让人心生惧意了。

在特拉法加，有一场和法国的海上对决，当时他给了英国舰队一个信号，而他强大的责任感和他对手下将士的期待，从这个信号中就能看出来。纳尔逊在战斗即将打响时说：“现在，我得给舰队一个信号，让大家打起精神来。”他对信号兵下令：“发送信号——英国希望所有人恪尽职守。”然后，了解到信号含义的每个士兵都欢呼起来，这是一场光荣的战斗，也是一场至关重要的战斗，而他们受此鼓舞赢得了胜利。

这条信息彰显了纳尔逊的性格。这是他人生的最后一战，传言在战斗开始时，他就曾经说过：“感谢上帝，让我有机会坚守自己的岗位。”他被一颗炮弹打中了，当时正是战斗最激烈的时候，然后不过几个小时，他就离开了人世，虽然只有几个小时，但他已经可以听到英格兰获胜的欢呼了。他虽然离开了这个世界，可是他将自己最大的忠诚和永恒的自我牺牲留了下来。

Chapter 31

克　制

▶ 面对朗姆酒，即使是基督教王国中最绅士的男人，也会变身野兽。

——J.B. 高夫

▶ 想要激发出人们最恶毒、最糟糕和最无耻的一面，给他朗姆酒就可以了。

——J.S. 怀特

▶ 在一桶啤酒中，或许也有一点和智慧相关的东西，但是更多的，是让人失去智慧的东西。

——C. 加勒特

▶ 理智是缰绳，可以压制冲动，克制是辔头，可以控制缰绳。管好你的嘴，不要肆无忌惮地喝酒吃肉。

——杰里米·泰勒

▶ 为了保证精神的神圣秩序，我们必须献上物质的虔诚，请放弃饮酒吧。

——西奥多·帕克

不要以为克制单单是指用理智来约束口腹之欲，它的含义比这广博得多。克制的人，会以名誉为界限来约束一切享受，还会适度考虑个人的经济情况。将享受看得太重是一种越界，将享受看得太轻则是一种缺憾。在越界和缺憾中间有一把尺，至于什么尺度合适？就要看人们的基本情况、现实的规范和当代的风尚了，这是人们默认的标准。

现在请允许我们再说一次“克制”这个词，这里只用它的狭义，专门指代对欲望的克制。在原本的意思之外，这个词还有一个意思，就是“妥善管理自己，即在自我约束中，合理地展现人性”。这一点非常重要，必须引起我们的注意。

有些人并不觉得克制有多么重要，事实上，即使是耐心或者坚毅这种美德，其重要性也远远比不上它。它可以捍卫理智，保护宗教，它是谨慎的姐妹，它可以让生活更甜美。时间会用最干净的浪潮将懂得克制的人送往前方，去往更纯洁的永恒彼岸；至于波涛汹涌的河水，只会将你拖进看不到底的深潭。

那么从广义的角度来说，这个词值得我们学习吗？当然值得，而且值得我们拿出最认真的态度去学习。

想想吧，每次抑制住冲动，你得到了什么？想想吧，当口腹之欲占据了我们的头脑，那是一种什么样的情景？S.T. 柯勒律治的故事很值得我们一读。他是一个吟游诗人，时刻都在唱歌，他也是一个哲学家，影响了几代人的教育和培养，就是这样一个人，却在朋友和仆人不知道的情况下，成了酒精这种鸦片的俘虏。他为自己的软弱和罪恶感到万分痛苦。只是看到这里，我们的心就被同情揉搓得流出血来。战胜一条毒蛇，控制一头狮子并不是我们任务的全部，我们要压制的罪恶欲望已经塞满了一整个动物园，但是只要我们沉迷于酒精，我们马上就失去了战斗力，再也完不成这项任务了。

克制是一种以我们的条件和环境为基准，对我们的言行举止进行调控的行为。理智是一种可以让一切刺激都无法影响我们的状态，这样我们就能一直走在正确的道路上了。人在清醒时，会有一种力量在引导你，可是被葡萄酒迷得无法自拔的人却因为越界而感受不到这种力量，结果只能继续花天酒地。这个道理，对那些被激情——无论是何种激情——俘获的人一样适用。他们会犯的某些错误，一个有正确感知能力的人绝不会犯。而理智这种态度，只有认知正确或者镇定的人才会有，它既是克制的结果，也是克制的原因。

每个人都知道，放任是无数的罪恶的元凶，它对人类的幸福有着无法估量的巨大危害。不要以为放任只会造成穷困和罪恶，它还有一个更加可怕的恶果，就是灾祸，而且这些灾祸原本是可以避免的。

有位英国老船长给我们讲过一个故事，这是他的亲身经历："一艘运煤船搁浅在约克郡的岸边，我是当时的救援人员之一，负责将部分遇难船员拉到一处两三百英尺高的悬崖上。我们用来救援的只有一根绳子。前边的两个人，被我们平安地拉上了崖顶，后边的那个人，原本已经被我们拉得很高了，可是他没有抓牢，掉了下去。到了第四个，这是最后一个有机会逃生的人，结果绳子断裂，他被汹涌的波涛卷走了。没过多久，船就分崩离析，那些可怜的被留下的人，就在我们的眼前沉入了海里。"

"最让人难过的你知道是什么吗？恶劣的天气？肆虐的狂风？一场命中注定的灾难？不，全都不是，是船员缺失的品性——所有的水手和船员都醉得一塌糊涂。掌舵的那个小子，连岸在哪边都分不出来了，然后就在惠特比，他们的船撞到了岩石上。这些神志不清的可怜人，有一半死的时候都不知道出了什么事。"

今天，仍有一些人——虽然不是很多——会在大庭广众之下讥讽那些不沾染任何欲望的行为和它们的倡议者，还有一些人更糟糕，他们会想方设法歪曲那些切实的践行者。但是，等待这些人的，往往不会是成功，比如下边的这个例子：有一次在火车站，贺勒斯·格里利遇到了一个满脸通红的家伙，这个人握住贺勒斯的手，看上去非常热情。格里利先生说："我并不认得你啊！""怎么会？是的，你忘了，我们曾经在某个地方一起喝过白兰地和水。"所有人都知道格里利先生坚守一个原则，就是不喝酒，所以边上的人全都大笑起来。格里利先生回道："啊，没错，喝白兰地的是你，喝水的是我。"

直到目前的一个最好的生活原则，就是约束自己，不让自己陷入沉沦之中。几年前，在一场关于克制的集会上，有个来自德国的中年人曾经说过这一样句话，非常有道理："让我告诉你们我的感受吧：当我将手放到头顶，头疼；当我将手放到身上，身上疼；我浑身上下无一处不疼。然后，我将手伸进裤子的口袋中，不疼了，头也不疼，身上也不疼。为什么？因为当我将手伸进裤兜时，我发现20美元就是我的全部身家，于是除了克制，我别无选择。"

西俄博尔德·马修牧师

1790 年，爱尔兰牧师西俄博尔德·马修在蒂珀雷里的一栋豪宅中降生，他的父亲在某位有钱的庄园主身边做代理。他小时候最喜欢做的事，就是举办小型宴会招待他的朋友们，而且一生都在不知疲倦地做这件事。在他生命即将结束时，医生声色俱厉地告诉他，不许再招待朋友，可是他的兄弟发现，他还是请了一些穷苦人家的孩子过来吃饭。

他 23 岁时正式成为神职人员，被人们称作“马修神父”。他先在基尔肯尼居住了一段时间，然后搬去了科克省，并在这里生活了一辈子。大多数时候，人们并不觉得他是一个神职人员，包括他刚刚成为牧师的时候。人们都很喜欢他，因为他是如此的乐于助人。在 45 岁之前，他一直都过着平静的生活，似乎“马修神父”这个人在这个世界上并不存在。

科克省那时有一小群公谊会的成员，组建了一个名为“戒酒会”的社团，提倡滴酒不沾。马修神父觉得这是一件很有意思的事，于是在 1838 年参加了这个社团，并承诺不再喝酒。马修神父的事很快传遍了整个科克省，那里的人都知道了。从他成为“戒酒会”成员的那一刻起，他就提出倡议，让人们不要喝酒，不喝那些会将自己变成酒鬼的饮品。不管是当时，还是现在，马修神父的工作都得到了所有科克人的支持。不到三个月，在禁酒承诺书上签字的人已经达到了 2.5 万人。

没过多久，整个爱尔兰都听说了这一项新运动，各个地方都有人想邀请马修去传福音。他走到哪儿，都有一大群人围着他，认真地听他布道。在他的集会中，让人落泪的情景不胜枚举，有很多女人将自己的酒鬼丈夫拉到他的面前听他宣讲，然后几乎逼着他们在禁酒保证书上签了字。不少男听众一起跪倒在地，一遍又一遍地喊出自己的誓言。在利默里克，来听福音的人非常多，以至于没办法将听众的名字一一记录下来。四天的时间并不长，已经有超过十万的人在禁酒保证书上签了字。

他的一个工作成果就是大量城镇和农村的酒吧关门歇业，爱尔兰有一半的人在禁酒保证书上签字，而所用的时间还不到五年，与此同时，饮酒量降低了五成，类似的，各种犯罪活动也减少了。

爱尔兰发生过一次严重的饥荒，数以千计的人因为土豆失收而填不饱肚子，最终被饿死，或者高烧病死。很多人走出家门，希望能找一份政府部门的工作。饥饿和无望，让很多人再次有了饮酒的念头。看到同胞受苦，马修神父非常难过，他将自己的桌子上的食物分给了吃不饱的穷人。有时他所有的房间都是求他施舍面包的穷人，这让他压力非常大，完全无法休息，结果他染病瘫倒在床上。

身体好了一点儿之后，他希望自己也能帮助到大洋彼岸的人。于是，在1849年，他穿过茫茫大海，来到了纽约。纽约市长还特意写了欢迎词迎接他，当他到了华盛顿，国会的两个议院分别向他发出邀请。身体上的不适未能阻挡他行进的脚步，他去了25个州，在300多个城市发表演说，向他做出了保证的人，超过50万。他的身体在回国时已经彻底垮了，没过多久就再次瘫痪。他有很多尊敬他的朋友，他们照顾着他，很多人来到他跟前为他祈祷，或者当着他的面在禁酒保证书上签字。1856年，当他因病离开人世，所有科克人都参加了他的葬礼。

传言在马修神父面前签署完全禁酒保证书的人，一共有700万，信守承诺的人成千上万。对于禁酒，英语国家的人如今普遍改变了看法，人们觉得醉得一塌糊涂这种事，非常不光彩，决定彻底戒酒的人，一年比一年多。毫无疑问，这位纯真、诚挚的爱尔兰牧师，是这种新观感和新主张的首要功臣。

Chapter 32▶

爱 国

▶ 为了民众的利益，还有比这更崇高的吗？

——维吉尔

▶ 为国家而战是最好的吉兆。

——荷马

▶ 爱国主义是一种高尚的思想原则，它的目标也是高尚的。

——斯迈尔斯

▶ 革命者不过是想让国家为自己的利益让步。

——亚力森

▶ 一个背叛朋友的人，会忠于国家吗？

——贝克莱主教

对于爱国主义，诺亚·韦伯斯特给出的定义是："想为国家效力的热情。"就像爱自己的家一样，爱自己的国家也是一件十分自然的事。有时最穷困的家庭会拥有最温暖的爱，国家也是如此，最能得到人民热爱的反倒是最穷困、最贫瘠的国家。为国家献身，或许是世界上所有国家的人都愿意去做的事，就算是一瞬间的不愿意，恐怕也不会有。

只要想到国家，我们马上就会意识到，我们得到了最宝贵的馈赠，任何一个年轻人得到的财富都不会比我们的更有价值。想到这些，我们马上就会意识到：我们有责任保护这片土地，献上自己最光辉的成绩和最绚烂的回忆作为对她的报答，我们还要将这些告诉后世子孙。我们生活的城市和国家就像一个大家庭，它记录了我们每一个朋友的过往，记录了大家一切的喜怒哀乐和各种生命行为，所有这些融合在一起，最终成了我们对祖国的印象，所以说，这种感情自然而然就会出现。

爱国是一种很自然的感情，也是一种理所当然、正当的感情。那些让我们欢欣鼓舞和翘首以盼的东西，又有多少不是借助我们所在的城市或者国家来到我们身边的呢？为了让我们过上幸福生活，我们国家有多少人在努力劳作，你想过吗？他们修公路、盖校舍、建教堂；他们兴建商场，开办邮局；为了满足我们的需要，他们在农田中耕作；为了穿过茫茫大海运来大量我们自己无法生产的好东西，他们制造船只；我们之所以能安心地进入睡眠，安安稳稳地工作、学习、嬉戏，仰仗的就是他们对我们的保护和对恶人的惩治。想到这一切，我们就该对我们的城市和国家心存感激。

7 月 4 日的钟声和礼炮声，对我们来说不能仅仅是娱乐或者噪声。就在这天，我们的先辈为了国家的自由，不顾个人安危，放弃了最宝贵的事物，冲上了战场，我们怎么能忘记他们？还有那些在艰苦的岁月中，为了祖国牺牲自己的先辈，我们必须铭记他们；以及那些发现这片蛮荒之地，历经千辛万苦和各种磨难建立了这个民族的先辈们，那些在国家的自由和统一遭受威胁时，自告奋勇，全力厮杀的人，我们如何能忘？

华盛顿在革命战争结束时，已经成了美国大军的指挥官，整个民族所有民众都以炽热的目光看着他，只要他想，国王或者皇帝对他来说不过是轻而易举的事。可是，他静静地将身上的所有权力都放了下来，整个文明世界为之震动。人民两次推举他为总统，他并未阻止这件事，但他选择当一个纯粹的公民。现在我们觉得这件事没什么，可是在那个时代，这十分少见，这让他获得了极高的声望，这是世界上的其他英雄无法企及的。

战争时代有不计其数的英雄，和平时期也一样如此：在蛮荒之地厮杀的人，为正义摇旗呐喊的人，毫不动摇地以高尚仁善为原则行动做事的人……

但是，在我们中间，并不是所有人都愿意为了国家而让自己受到伤害，哪怕是很小的伤害。这种人有什么资格生活在这个国家？比如有些人连最基本的爱国心都没有，用自己的选举权来换取金钱。想想吧，国家做出了多大的牺牲，付出了多么惨重的代价，舍弃了多少人的性命，才换得了我们的自由？想想吧，世界上有多少地方的人对我们所拥有的自由无限渴望？可是，某些人却完全不把辛苦得来的自由放在心上，如若不然，他们又怎么会完全不愿意为了国家的利益而做出努力呢？

个人美德，例如诚挚和勤劳，是爱国主义最好的表现方式，所以当我们谈及或者想到爱国主义时，一定要想起这些美德。为国家效力这种行为，不论从哪个方面讲，都可以让人智慧更高超，行为更严谨。现在尚未完全长大的你们，是决定国家未来的人，所以我们要和你们说：请为它效力，请护它安全，请尽心竭力地推动它的发展。

努力让我们生活的城市更加美好，是一种能够强化我们爱国之情的好办法。我们发现自己被夹在人民和违法犯罪之间，它们互相抵触，激烈的交锋给人一种真正置身于战场上刀枪剑戟和枪林弹雨中的感觉。

什么是爱国主义？男女教育工作者因为想让孩子们良好地适应未来的生活而期望给他们提供最好的教育，进而在学校努力工作，这就是爱国主义。在这个神圣目标的指引下，老师们认真工作，这也是爱国主义。当一个人对自己所在的乡村、城市和国家，抱有贪图或者偏执之心时，他会羞辱民众，包括每个男孩、女孩，男人、女人，用不了多久，人民就会打倒他。所谓爱国主义，就是如此，它的正确形成来自每个人的影响。

在政界，每个心怀善念的人都会以公共利益为目标来行使手中的权力；而政界的各种贪污腐败，都和那些奸险狡诈之徒密切相关，因为他们连自己最基本的责任都要辜负，结果增强了敌人的实力。所以我们必须明白，在某种程度上，你本身的原则和品性，会影响你行使选举权，不过最重要的是，你行使这一权力的时候，一定要无愧于你的良知。

约翰·亚当斯

约翰·亚当斯是美国的第二任总统，我们在书中很少能看到他的童年生活，他诚实忠厚，是一位伟大的爱国主义者。

真诚和忠实，在亚当斯的家庭中是一种非常重要的品性，每个家庭成员都要遵守。这是一个中等家庭，既不富裕也不贫穷，生活也算安逸，大家都秉持朴素的原则。1735年，亚当斯在这个以诚实为第一要务的农民家庭中降生，他能够成为一个家喻户晓的政治家和爱国主义者，与他的家族对这一品性的严格遵守密切相关。

亚当斯小时候，并不十分喜欢看书，他更喜欢去野外玩耍，他每天都去树林中闲逛，和小鸟、松鼠相伴，这个机灵的小家伙正享受着现代人渴望的田园生活。

父亲为亚当斯创造了享受综合教育的机会，他在16岁时就成了哈佛大学的学生。那时学生入学登记的顺序是按照他们的地位排的，让人奇怪的是，约翰·亚当斯在他们班中居然位列14。他在学校是出了名的诚实质朴、积极热情、能力卓著，这些特质正是这个农民家庭严格教育的结果。

亚当斯20岁时从哈佛大学毕业，到马萨诸塞州的一所中学当了一名教师，以赚取专业学习的费用，让自己接受了优秀的培训。他的志向是成为一名律师，他写道："法律工作中的一切邪恶或者不公之事都不会让我妥协，我对自己毫不怀疑。"

当英国政府想将殖民地变成自己官员所欠税收的牺牲品，肆无忌惮地掠夺商品时，殖民地振奋人心的时代到来了，当时亚当斯30岁。高等法院接收了这一案件，商人们请詹姆斯·奥迪斯做自己的辩护律师，约翰·亚当斯认真倾听过他的辩词之后，写道："奥迪斯是一把火……他将引燃美国的独立战争。所有人都摩拳擦掌，准备从英国的掌控中脱身而出。"

《印花税法》颁布之后，不合理的条款让约翰·亚当斯的整个身心都陷入熊熊的怒火之中。他提出了一连串抗议无理税法的提案。人们接受了他的提案，布伦特里的人和马萨诸塞州其余 40 多个城市的人都表示支持这些提案。所以《印花税法》没能实施。在判决结束之后，人们的精神仍然非常振奋。约翰·亚当斯再接再厉，表示《印花税法》是在滥用职权，违背了英国宪法和美国地方性法律法规。

在著名的“波士顿倾茶事件”的影响下，波士顿港暂停营运，茶叶被填入海里，波士顿拒绝交税。在费城专门针对此事召开会议，在波士顿派出的五位代表中，就包括约翰·亚当斯。他知道自己肩负的重任。他充满感情地高喊：“感谢上帝，让我们拥有智慧和胆量，相比于因国家退让而带来的巨大耻辱和灾难，任何一种宪法都不足为惧。”

杰斐逊和亚当斯受命拟定《独立宣言》。亚当斯坚持拟定宣言的重任必须由杰斐逊来做，而他会和其余四十四位成员在上面签字。杰斐逊说：“在议会中，约翰·亚当斯是《独立宣言》最杰出的倡议者和支持者，他是它最坚实的后盾，是我们的支柱。”

约翰·亚当斯通过各种方式为自己的国家效命，一直忠心耿耿。华盛顿连续两次获选为总统，他则一再成为他的副总统，后来又被选举为总统。他从未背弃过自己的誓言——捍卫国家的权利，他的誓言由始至终都那么炽热、可信和坚实，即使是所有人都反对的时候，他也没有一丝一毫的退缩，直至生命终结。在我们国家的历史上，他用无所畏惧的独立精神写下了庄重的一笔。

Chapter 33

独 立

- 你不从人群中走出来，又怎么能卓尔不群呢？

——M.C. 皮特斯

- 独立的最高形式是思想自由。

—— G.B. 菲斯克

- 自由是国家的根本，美德是自由的根本。

——卢梭

- 对于个人权利的热望并不是独立精神的全部内容，它还要求我们尊重别人的权利。

——萨宾·巴林·古尔德

- 人天然向往独立，而在道德的发展上，独立精神也不可或缺。

——乔治·艾略特

有些人完全误解了崇高生活的内涵。不要以为活着就是生活，我们还要不被那些卑微、下流的人影响，堂堂正正地活。首先，我们要让自己的精神更加广博，分清是非对错。其次，要过正确的生活。我们要彻底意识到人所具备的最好和最崇高的一面，然后将其变成现实，这样我们的人生才是完整的，而想要实现这一目标，自由的思想和不受约束的行动至关重要。

有些国家非常注意培养人的独立性。有人说："向往独立的精神，是苏格兰最大的成就。她的子民有一种韧性，她的英雄充满了力量。彭斯是一个温和的人，可是他的性格和诺克一样的坚韧，他的诗也是如此——‘无论何时何地，男儿自强不息’。众多苏格兰男人凭借此种强大的性格，成了民众视线的焦点。”

不少男人和女人因为不自信而毁了自己的人生。他们被埋进坟墓时籍籍无名，就像从未在世界上出现过一般。他们从生到死，摇篮与坟冢毗邻，对他们来说，从一个走向了另一个的过程如此顺畅，毫无阻碍。数以万计的人拥有不低于华盛顿的爱国之情，霍华德的人道主义精神，或德摩斯梯尼的雄辩口才，但他们离开人世时，却什么痕迹都没留下，原因何在？他们没有崇高的胆魄和英雄气概，对自己也不够自信。

世界上最神圣的伟业，也是由人创造的。大量的社会变革，难道不是起源于个人的主张吗？将那些直到今天还在世界上发挥效力的真理说出来的，难道不是个人吗？那些众所周知的公理，难道不是发端于个人心中的想法吗？你怎么能将自己的生活交给别人打造，你应该自己创造。

这种品质，对于成年的男人和女人一样至关重要，这是希德尼·史密斯始终坚信的一点，他说：“年轻人一定要有主见，这是我每天都要呼吁的一个前提：你要坚持你的天性。你本身的才华，不要白白毁了。大自然已经为你提供了赢得成功的资本。一旦舍弃它，你远比籍籍无名更悲惨。”

对男孩来说，依靠自己是一件再好不过的事。自己努力奋斗的人，会变成一个堂堂正正的男子汉。独立可以激发人的潜能，让人的才华得以施展。在阿尔卑斯坚硬的悬崖峭壁中久经风雨的植物，才是最坚韧的，温室中的植物差得远了。男人也一样。想要帮助一个男孩，没有比教会他独立更慈悲的办法了。你唯一可以跟他说的就是：你要自己去走你的路，能不能成功，要看你是否足够努力。

谢尔曼曾经致信格兰特将军，说：“华盛顿的位置理当由你接任，而你如今所在的高位非常危险，除非你选择放弃，否则‘做你自己’，即纯粹、诚实、谦恭，就是你的第一要务，如此，你的朋友会永远敬重你，上百万人会一直景仰你。”

当然，我们也要小心，不能因为太过独立而做错事情。华兹华斯曾经说过一句话，很有道理："依靠和独立，信任和自信，这看上去是相互冲突的两件事，但我们必须将它们融合起来。"

总之，我们的独立必须是合理的。我们发现社会中某些男女会不加辨别地顺从于时尚和放荡。浅薄的生活在社交活动中占了很大的比重，让人忧心的流言蜚语无处不在。年轻人一定要认识到这一点，就算付出再大的代价也要坚持自我。是跟着大家走，还是自己判断方向，这是很多人都会遇到的一个问题。而我们要和你说的是：务必确立一个崇高的目标，然后毫不动摇地坚守。

有些年轻人觉得随心所欲就是独立，认为"强横冷酷"的自己十分帅气。法拉格特将军曾经讲过的一段他儿时的经历，可以帮助我们更好地理解美国年轻人这个阶段的"独立"。他说："我 10 岁的时候，父亲将我带上了一艘军舰。我坚信自己应该拥有男子汉的特征，老水手都会宣誓，他们喝烈酒就像喝好望角的海水一般潇洒豪迈，他们还抽烟，就像火车头一样，我也要和他们一样。我玩牌玩得很好，各种类型的游戏都喜欢。有一天吃过晚饭，父亲下令让所有人离开船舱，他把门锁了，然后和我说：'大卫，你以后准备做什么？''水手。''水手，是的，一个在桅杆前站着，贫穷、悲惨，醉得神志不清的水手。被整个世界抛弃，离乡背井，在某个医院因为高烧而死的水手。''不是，'我说，'我想在后甲板上巡查，指挥大家行动，就像你一样。''你错了，大卫，你看谁会像你那样巡查甲板？你必须彻底换一种生活模式，否则，你无法成为一个顶天立地的男人。'"

"父亲说完就去甲板上了，让我自己好好想想。他的斥责让我茫然失措，我觉得自己受到了侮辱。我要当一个'在桅杆前站着，贫穷、悲惨，醉得神志不清的水手'吗？不，我必须马上换一种生活。我不再随意发誓，我要戒酒、戒赌。这是我立下的三条誓言，现在我要严格遵守它们。我的命运由此走向了另一个方向。"

很多人在生命刚刚开始的时候，就将自己的信仰和性格扔到了一边。不少年轻人会献祭自己的个性，去讨好那些放浪形骸的朋友。还有很多年轻人，明明知道什么是对，什么是错，可在街上偶然遇到某些没有脑子的流氓混混之后，却因为要融入身边的小圈子中而压低了自己的标准。还有很多原本前途无量的年轻人，因为不懂得拒绝，最后变成了恶人，或者白白错失了很多良机。

革命战争期间，因为林肯将军落败，在查尔斯顿举了白旗，整个南卡罗来纳州都落到了英军手中。英军将抓捕的一些俘虏——包括一个13岁的男孩——送往卡姆顿羁押。那里有个英国军官十分霸道，他蛮横地命令这个男孩为他擦那双满是污泥的鞋。

“滚过来，臭小子，你这个叛乱的小不点儿，在那儿做什么呢？快一点儿，给我把鞋擦干净。”

男孩注视着这个军官，说：“先生，我是战俘，我要求公平的对待，请恕我无法为你擦鞋。”这个小男孩后来成了美国的总统，他就是安德鲁·杰克逊。他之所以能够成为一个伟大的人，靠的就是这种信念。

轻浮的性格会让人沉迷于幻想之中。而在我们这个时代，让自己失去力量和价值的是对他人的效仿，这才是真正危险的地方。在生活中坚持自己的个性！就像你的出现是全世界的期盼一般，活得像个男人。那些脆弱、偏激、墙头草一般的人，还有懦夫的话，不要去听。你要学那些最优秀的人。如果有个地方你觉得是对的，那么就算所有人都觉得错，你也不妨勇敢地站上去，如此，你的人生才能是完整而伟大的。

托马斯·杰斐逊

众所周知的《独立宣言》，是美国的年轻人在学习上个世纪的历史时，最先接触的一项内容，而它的起草人就是托马斯·杰斐逊。没有人比他更适合撰写这份著名的文件了，因为他是那样的英勇无畏，个性独立且崇尚自由。人们希望他能将那时追逐自由的人即使牺牲性命也要维护的情感和原则付诸文字，他做到了，因为他在写这份宣言时，心中的爱国之情也一样炽热如火，正如帕特里克·亨利曾经说过的：“别人怎么做，我管不了，但是如果没有自由，我宁愿一死。”

即使付出自己珍爱的所有东西，也要获得宗教自由和政治自由的人，每个民族都有。他们的名字和荣耀被镌刻在书中，而杰斐逊，这位在《独立宣言》上签署了名字的人，请允许我们将他写在最前面。

历史上，再没有比大陆会议的参会者接受《独立宣言》，在上面签下自己的名字更让人振奋的情景了。当约翰·汉考克用很大的字迹将熟知的名字一一签署在上面时，还开了一个玩笑——这样一来，约翰·布尔不用戴眼镜，都能看清上面写的是什么了。然后，他又严肃起来，提醒他的伙伴们一定要团结一心。他还没说完，富兰克林就说：“对，事实上我们若不团结起来，全都得被绞死。”

按照《独立宣言》，政治自由是美国的合法权益，不可剥夺。它像是在上帝的帮助下写成的，在其作者心中，它是一段永远无法磨灭的记忆。

Chapter 34

梦　想

在深渊的底部，有一条小路通向顶峰。

——卡莱尔

一个尊重自己的人，很少不被人尊重。

——乔治・艾略特

总有些东西会让我们生出美好之感，请务必紧紧地跟着它们。

——乔治・艾略特

那些觉得自己不如别人高贵的人，往往真的不如别人高贵，这是他们应得的。

——威廉・布莱克

躲避危机是卑贱者的一个显著特点，而直面挑战则是高贵者的一个明显特征。

——查尔斯・金斯莱

每个人身上都有一些特质，让他不同于别人。有个事实很有意思：人们可以将自己的天性藏起来，但改变不了，而且没有任何手段或者方法能让他看清真正的，或别人眼中的自己。

假设人由身体、智慧、品德三个部分构成，并将它们作为衡量一个人的标准，那么第一个元素和第二个元素，我们可以尽可能地思考，而第三个却只能用来完善我们观点。我们可以大力夸耀我们的身体机能，为我们的高智商和强大的力量倍感自豪，但是只有一个办法能让我们比其他人更出色、更优异，成为佼佼者，即提升我们的精神层次和道德品质。

有些人相信或声称在人降生时地位就已经确定了，或者说他的血脉是否高贵，要看他祖辈留下的余荫。可是如果他们无法为祖辈增光，姓氏是他们唯一高贵的地方，他们的优势只有一个，就是他们的头衔，或者他们只有追忆往昔，才能找出一些让我们敬仰的东西，那他们的降生还是一种荣耀吗？不，这是一种侮辱。

只在乎姓氏和头衔的人，是人类的耻辱。人类是伟大的。有些人出身好、头衔高，有鼎鼎大名的先祖和荣誉，可是唯独没有智慧。智力高超很重要，但我们也不能将它捧得太高，要知道，有些人虽然智力超群，却毫无更高层级的道德，以致人生观只能停留在一个较为模糊的阶段。所以，一个健全的人不仅要充满智慧，还要有良好的道德。

只有各方面都经过良好塑造的人，才会得到世界的认可。他必须有敏锐的触觉，他的脑袋里要装满知识，他要理智，要有强大的观察力，要心灵手巧，眼神犀利，要有柔软的心，广阔的胸怀，要气量恢宏，诚实可信。事实上，以这个年纪而言，想要达到这个标准，必须按照我们前边说的各种品性，对自己进行精雕细琢，直至完美无瑕。

在婴儿智力刚刚起步的时候，我们就应该对其进行此种教育了。我们教导的内容会随着年龄的增长越来越多，传授的品德也会越来越高洁。智慧的力量，会将真相接连不断地呈现在我们面前。除非这种学习的状态终止，或者我们的生命走到了尽头，否则这种教育就会一直持续下去。

对于结构不合理或者发展不完善的事物，每个人都会有自己的感触。当他拿起一块造型奇特的水晶或者一朵丑陋的花，就会有一种无法言表的心情。在人体构造或者人体组织上，也是一个道理。看到发育不健全或者某种显而易见的畸形，没有人会觉得舒服或者满足。所以，为了获得最完善的道德上的健全，我们应该对精神进行全方位的塑造。既然在现实世界中，残缺的事物会被视为怪物，那么在精神和道德世界，必定也是如此。它在我们的思维世界和道德世界，也会遭到排斥。或者，人们只是惊讶地说，它怎么如此卑微和怪异啊。如果人们以智力作为衡量一个人的标尺，并以刚正作为生命最高尚的要素，那我们有什么理由，不去追逐更高的学识和正义感呢？

不要以为神性不会存在于最普通的人身上，最悭吝的守财奴永远不会做慈善，最软弱的懦夫不向往成为英雄，他们欠缺的，只是一个能够将其唤醒的重大危机。一个对利益充满渴望，遵循冰冷的现实主义和残酷的交易原则的人，他的自私会锻造出困住高洁心灵的重重枷锁，可当危险降临，这些枷锁会应声碎裂，我们的心会得以解放，它会开始做慈悲之事、宽宏之事。

对我们来说，穷困和厄运正是良机，因为它们会塑造我们的个性，如老师一般培养我们的道德和仁心。当我们出于好意对他人做了高尚之事时，这些行为就会变成养分，让激发此种行为的动机更加茁壮，让“习惯”的肌肉更加坚实。格莱德斯通有很多公事要做，可是他仍然抽出时间去探望一个患病的穷人家的小男孩，他是在这个男孩清扫街道时认识他的。英国人不是因为他的事业做得出色才尊敬他，而是因为他的言行举止。相比于他的宏伟事业，如今人们更喜欢谈论的是他做的这件事。

维系民族未来的，是在人们生命中所展现出的希望和预兆，而非人们做了什么。不要沮丧。大自然不是时常在提醒我们，她并未忘记自己的梦想吗？你看，她时常会将华盛顿、林肯、科索特、格莱德斯通送到我们面前，并让他们卓尔不群。

我们难道仅仅是因为莎士比亚这类人挖掘出了新的东西，就将他们称为天才吗？当然不是，更重要的是他们让我们对自己有了更清楚的认知，让我们看到隐藏在自己身体中，如同油田般等着我们开采的大量财富，他们说出了我们无法表述的观点或者感觉。因为人们是从来都不会看到一开始就不曾拥有的世界的，所以能够探明本质的人，就是天才。

西奥多•帕克说：“所有人都知道理想中的自己是什么样子，起码在某个时刻是清楚的，但他不是那个样子。真实的性格比不上完善自我的心。所有人都想变得更聪明，更出色或者更完美，因为没有人会觉得自己完美无瑕。”

梦想在我们脑海中投射出多如繁星、幅度各异的画面，它们不停地翻涌滚动。生活中的成败，是由梦想的质量决定的。比如，有些人以最出色的桌球选手、车夫、军政专家作为自己的理想，而有些人却以最出色的赌徒或者最奸诈的骗子作为自己的理想。他们或许会受这种强大渴望的鼓舞，在民众中脱颖而出，可是就算他们成功了，也远远比不上那些做着诚实、刚正的职业但最后失败的人。任何欺诈思想以及华丽的阴谋，都无法将矮小变成高大，将恶毒变成洁净，将欺瞒变成忠实。一个人会过何种生活，要看他有怎样的梦想或期望。

虽然如此，可我们也必须承认：不同行业和不同职业的人，他们之间存在许多差异，特定的训练会让人的思想和智力按照特定的方向发展。但是平均水平的常识，人人都能达到。一个人在想什么，通过他说的话和他用的词就能看出来。人的感官、心态和愿望会影响人的思维方式和表达方式。

如果没有那些特定训练和经历，一个人就算成就再大，他的人生也不会遵循预先设定的轨迹。生命中每件事都对他性格的形成造成了一定的影响，就算这件事再细小，也一样如此。

我们理想中的人类，就像是这位诗人所描绘的那样：

> 人类是上帝创造出来的。我们应该是这样的人：有广博的思想和高贵的心灵，坚定的信仰和优异的才干；我们不能被官场的欲望打倒，不能被官场的名利腐蚀；我们要有主见，有意志力；我们要崇尚名誉，诚实正直；当政客挑拨怂恿我们时，我们应该勇敢地斥责他的花言巧语；我们应该是顶天立地，充满阳光的人；我们要从工作的迷雾中走出来，对自己的观点坚定不移。

PART 4
公民篇

我们可以说一个国家的公民是指生在这个国家的人。若你生在美国，那么你就是美国公民，这一事实给予了你这个国家的人民所拥有的权利，与此同时，你必须对这个国家的利益承担起同等责任。

Chapter 35▶

真正的公民

▶ 一个伟大的民族，它的公民必须是有价值的。

——查尔斯·达德里·华纳

▶ 一个人道德观有问题，他的政治观也一定是错的。

——欧·康纳

▶ 让学生知道如何为国家效命，是教育的第一原则。

——G.T.鲍尔奇

▶ 一个好的公民，是绝对不会让自己的言行举止损害到民众的，他将永远站在支持民众的一边。

——A.M.高

▶ 我们为的是我们的祖国，整个祖国，这也是我们唯一的目的。

——D.韦伯斯特

在英国有一幅古老的名画，上面画着四个人：一个国王，他说，“所有人都是我的臣民”；一位大主教，他说，“我祝福每个人”；一个战士，上面写着“我为所有人战斗”；还有一个可怜的农民，他无奈地掏着口袋说：“我为所有人付钱。”将上面的四种人组合到一起，就成了美国公民，他即是国王，也是预言家，与此同时，还是战士和劳动者。他管理自己，为自己祈福，为自己而战，对于一切牺牲，他也自己付出代价。

你不能要求人与人之间毫无联系彻底独立，那既不符合现实，也不是一种合理的状态。互相交流，彼此联系，进行感情上沟通是人的本性所要求的。无论在哪儿，家里、社区或者是整个国家，都能看到这种生活上的互相联系。

当一个团体，对他人的利益需求不管不顾，却坚持让大家一起生活时，你会发现它总是动荡不安，甚至还会发生动乱。在这个团体里，不要说保证生命和财产安全，连一致的价值观和固定的沟通方式都没有，更不要说国家为我们这个年龄阶段的人提供的更高的便捷性了。这些利益是必要的，而为它们提供担保的，就是我们彼此理解，或者说被普遍接受的协议。这种协议我们可以在各式各样的政府言论中看出来，而这些官方思想之所以能在各个文明国家流通，原因就在这里。

这种彼此联系的生活理念就是公民思想的根源。从这种理念成形开始，人们又经过了几个世纪的缓慢发展和夯实，才得到了我们如今拥有的公民身份。每个世纪，人们都迈出了决定性的一步，相比于过去的所有时代，现在展望人类未来的现实意义更大。

人们热衷于称颂以往的年代。他们总说“往昔的欢乐时光”：那时的生活非常简单，人们虽然稍显野蛮，但非常善良。然而如果我们有时光机器，将他们送回过去，让他们在人们以前睡觉的地方休息，吃那些当时人们常吃的食物，做人们以前必须去做的事情，将他们如今拥有，但过去的人们没有的东西拿走……他们发出的抱怨和抗议必定更多。

有些脑袋空空的改革家说，现在工人的命运远远比不上几个世纪以前，这种话你千万不要信。他们的话根本经不起推敲，虚假只是一方面，还非常危险，甚至会危及性命。现在有些工匠既有理智的头脑，又有强大的自尊和自爱之心，他们努力工作，已经拥有进入某些地方的特权，相比于几百年前，他们的家族现在和商人、制造商的联系紧密多了，而且即使是上一代人，也远没有他们这么多的机会。

公民身份和家庭之间的联系非常密切。家庭相当于一个领域狭小的国家，家规决定了这个国家的生活，是国家生活的基本要素。家庭是我们最开始接受管理的地方。家长和父母的威信，成了我们学会服从的第一课。家庭告诉我们，我们无法想怎么样就怎么样，一定要顾及别人和我们自己。我们很容易就能发现，家庭的各种生活阶段也会以各种形式表现在政府的政治工作中，国家管理深受这些生活方式的影响，如今世界各地都是如此。

在一个秩序井然的家庭中，只要不损害到整体利益，每个人都有权以最高的标准自由行动。当一个人的自由影响到其他人时，就该限制他的自由。在孩子不断长大的过程中，只要他以实际行动证明自己有能力在更广阔的空间内活动，父母就应该给予孩子更多的自由，这是他应得的权利。

不过，越是拥有自由和权利，身上的责任就越重。对于家庭成员来说，拥有此种权利的年纪和应当扛起责任的年纪是一样的。他的那份工作可以非常简单，但他必须去做，而且是独力、恪尽职守地做。整个国家都需要人们践行此种责任，而且想要长期保证国家的利益能够被满足，就必须确保并维护此种责任的实现。

一个真正的爱国者一定要让此种观念占据主体地位：人民是国家的主人，美国制造和培养的美国人必须是快乐的。当一个国家的大部分民众都深感苦恼和不满时，这个国家自身的状态也很难让人满意。通常来说，过着舒适生活的阶层，只关心自己的事，并不会关心那些生活艰辛的阶层，但是他们必须明白，他们的富有和那些阶层是密切相关的。如果他们实在无法了解到这一点，也可以，但他们不能阻止那些想让人类的学识更渊博，道德和生活环境更好的人所进行的社会改革。一个合格的公民，应该合理地践行此种职责及其连带职责。

总之，我们可以说一个国家的公民是指生在这个国家的人。若你生在美国，那么你就是美国公民，这一事实给予了你这个国家的人民所拥有的权利，与此同时，你必须对这个国家的利益承担起同等责任。

有一些美国的公民是美国家庭培养的结果，可是在我们中间，还有大量公民是“外来的”。美国有上百万移民，对这些人来说，美国这个国家是他们自己的选择。

可惜，我们发现有些人觉得移民没有一个是“好的”，而且这种观念还有增强的趋势。很多移民到这个国家的人，原本可以表现得更好，这点我们并不否认，可是与此同时，我们也应该注意到，这些被美国“收容的公民”，一直在证明他们忠于这个国家，他们愿意紧随美国国旗，即使牺牲性命。

一个合格的公民是不会对国家事务漠不关心的。给那些好人和好的举措投票，支持它们，是他的分内之事，不仅如此，他还应该影响别人，让其他人也这么做。人民是政府的主人，他们决定了政府的好坏。为了告诉大家我们是最出色的公民，我们必须充分了解如今的种种问题，如此才能知道国家需要什么，进而诚实、睿智地行使国家交给我们的权利。

Chapter 36▸

公民与家庭

- 整个世界掌控在那些晃动摇篮的人的手中。

——阿农

- 国家的起点是家庭。

——古德瑞基

- 所有家庭都在悄无声息地影响着国家生活。

——恰尔德

- 对国家危害最大的，莫过于妇女对孩子的不良教育。

——亚里士多德

- 家庭思想的没落，最让我们的政府和国家痛心。

——G.H. 帕克赫斯特

在人类历史上，有一个事实至关重要，即孩童的生长期非常长，需要父母照顾很多年。孩童在迈入辽阔的成人世界之前，要在家庭中生活很长时间以做好充分的准备，相比于其他教育，家庭教育在这段时间的影响力极大，称得上是无与伦比。动物照料幼崽的时间很短，如果家长对孩童的照顾也是如此，那人类或许永远都只能当原始人了。世上还有比家庭更大的教育组织吗？

不要以为家仅仅是家庭成员住宿的地方，它还是家庭生活的发生地。说到家庭和国家之间的关系，你只要看看指数和容量之间的关系就知道了，不然，也可以看看内心感受和面部表情之间的关系。我们是撒克逊民族，这个民族从古代开始，就出了名的崇尚个人自由，无论和哪个民族相比，我们对个人自由的认知都是最清晰、最完美的。

在原始人的语言中，“家”这个词或许也是重要的，可是它在如今已经有了截然不同的含义。对原始人来说，那座小小的茅草屋只有一个作用，就是吃饭、睡觉。特地选一个地方去耕种、修筑，以及从事教育等活动，对他来说无异于天方夜谭。他只是为了活下去，才抢了这块小小的地方。如果说，真有一个地方可以算作他的“家”，那也只能是森林，那个他用来打猎的地方。每个游牧民族都会实现一定程度的文明生活，这毫无疑问。

无论是哪个民族，其发展的起点都是“家”，它的法律、秩序，它的社会和政治繁荣都是围绕“家”展开的。国家生活和国家的发展能够得以实现并得到强化，就是因为选择了这一核心。在我们国家生活的构建过程中，这种力量发挥的效力无法估量。艺术、科学、农业、工业、政治、道德有多重要，我们深刻地知道，但是我们更要知道的是，家庭是决定了它们能否存在的基础。不然，我们也可以这么说，我们的国家生活和人民性格就像从家庭这眼喷泉中潺潺地流出来的一般。有一个规律永远无法打破，即年轻人在离开父母走出家门时，他身为公民的素养和层级已经确定了，所以说家也是一所学校，教会我们的人民如何去做一个公民。孩子刚刚出生，父母就已经开始努力想要将他培养成一个合格的公民了，这种培养会他贯穿他的整个少年成型期，直至他长成一个青年走出他出生的那道门，在广阔的独立生存空间中找到自己的角色，扛起自己的责任。

在新英格兰，家庭生活对民族的影响力极大。美利坚合众国真正的发源地，是清教徒祖先的家庭。就像大家想象的那样，这些家庭当时有如下特点：它们极为简单，若是和如今的新英格兰家庭相比，更是粗陋不堪。但是这些家庭充满了爱与忠诚、尊敬与信赖。在过去，有很多坚韧的丝线将英格兰家庭的各个成员绑到了一起，所以大量优良品质深深地融入日常生活中，直到今天，它们仍对这个民族有强大塑造力。

从这种家庭出来的年轻人，通常在性格上有这样的典型特征：理智、勤奋、诚实、谨守原则。人们会将这种家庭视为确保社会结构稳固和完善的柱石。它是人才的储备库，为了保证自身利益，获得最崇高的生活模式，社会可以不停地从中汲取资本。

一切民族的发展壮大都以真正的爱国主义为最大特点，而家庭则是真正的爱国主义的发源地。我们国家的是非难道是由蛮横粗暴的市民性格决定的吗？当然不是，不仅如此，真正为我们提供力量的也不是它。想要成为一个爱国主义者，一个真正有价值的人，一个国家利益的捍卫者，只靠人多势众和忠心不二的誓言是不行的，还要有强大、高品质的理智和道德观。想要将爱国的意愿和力量激发出来，那么爱国主义必须以家庭生活和家庭利益为基石。

这种浓烈的感情是我们与生俱来的，只有那些强大到激励我们迈出家庭之门，离开家庭温馨的东西，才能触及它们。古时候，拉丁战场的口号是："为了我们的圣坛，为了我们的家庭"，直到今天仍是这种口号最能让我们的战士热血沸腾，一步一步向前迈进。至于那些裹足不前的人，死时也不能比奴隶强多少。

一个热爱家庭的人，在保卫国家时，也会付出同等的爱，所以当国家遭遇危险时，去找那些热爱家庭的人吧，他们值得相托。

所以请允许我们再强调一遍，我们国家能够如此伟大，起到决定性作用的就是我们人民的家庭。一个民族不会因为土地变得强大，无法通过金钱换得名誉和威信，也无法通过丰富和有价值的资源换得名誉和威信。公民的性格决定了国家的力量和胆魄，而公民的性格又是由什么决定的呢？主要就是他们所在家庭的特性。

Chapter 37▸

公民与社区

▶ 市政机关和党派政治应该彻底断绝关系。

——C.H. 帕克赫斯特

▶ 我们应该认真考察当地政府，很多公民都疏忽了这一点。

——约翰·菲斯克

▶ 时刻准备着为自己所在的社区提供帮助，这是每个公民都应该做到的事。

——E.O. 曼

▶ 任何一个独立的城镇都少不了那些值得尊重和信赖的人。

——W.A. 莫里

▶ 没有道理让一个无故不去投票的人拥有投票权。

——W.H.H. 米勒

在社区中，有些责任是大家共同拥有的，所以除非你不在社区居住，否则请肩负起这种责任。只有严格履行这些义务，才能成功地享有社区生活。自私并不是人类的所有属性，它还兼具社会性。而强者保护弱者这项工作，关系到每个人的切身利益，这使得人们必须团结协作。这种团结不仅仅是为了维护社会的共同利益，也是为了维护整个人类的共同利益。

镇是政府的基本单位，在我国的很多地方，也会用政府来指代镇区。一个在某一特定区域内有永久居民的小镇，它的面积通常是几平方英里。

镇政府往往由该镇辖区内的永久居民掌控。捍卫所有居民的共同利益，是镇政府的基本原则，也是这些人走到一起的原因。征税是维系政府，积蓄力量以保证镇内居民公共利益的一种手段。所以，人民和政府的初步联系是通过交税建立起来的。

为了募集基本储备金，镇区一年举行一次集会，税收事宜由大部分居民投票决定。一定要严格地按期征税，因为税收和每个人的利益密切相关。

有些地区希望以最小的面积居住最多的居民，所以房屋建造得十分稠密，有大量人口聚集，通常这样的地方，管理以城市的形式实行。

将所有的资金都收拢到位之后，尽管聚集在城市的演说家和作家大力夸耀城市，肆无忌惮地称赞美国政府，将它优点吹得天上有地下无，可是我们的共和国在城市的工作成果，并没有在偏远山区、州政府和村子里的成果好。

对于美国的公民政府，我们在50年前总是将它说成是神赐给我们的政权，不然，就将它说成是一种出现在美国国土上的神迹，所以我们容易认为，只是共和国国体本身就已经具有一种能够扼杀一切政治罪恶的隐秘力量。这种想法实在太狂妄了，城市后来以自己的发展情况毫不留情地推翻了它。它展现出的实际情况和我们的观点存在巨大差异。这些显然没被管好的城市，现在又成了我们的作家和演说家鄙视的对象。

相比于公民和城市的关系，公民和小镇的关系更符合我们的初衷，原因在于小镇的管理没那么复杂，在很大程度上也比较健全，所以我们应该将公民与小镇的关系捋顺清楚。

税收是我们的政府最主要的筹集资金的办法，它主要用在以下几个方面：维持公立学校；修建、养护高速公路；帮助穷人；维持消防机关；支付薪水给镇里的公职人员；种树；赡养伤兵、水手和他们的家属；总之，再加上其他一切必要支出。

为了保证小镇里的工作能够顺利进行，还要任命一些官员。镇政府的办事员负责对每项商务交易、出生事宜、婚姻和死亡事宜进行记录，将必要的津贴还给州政府，它是连接小镇和国家的桥梁。与此同时，政府还会组建校委会或者教育委员会对每一所公立学校的各种情况进行监督。为了保证镇内的每条街道和高速公路的状况良好，政府还要任命一些高速公路检测员。另外，还有负责征集物资的，税收方面的评估人员和征税人员。再者，还有专门负责对穷人的情况进行研究，为穷人和需要救助的人提供食宿的观察员。

上面说的这些并不是政府的所有工作和架构，只是一些大致情况，目的就是要告诉大家：若是没有足够多的人费心、费力，连最小的社区都很难维持下去。我们需要着重说明的一个事实就是，上述的这些政府职务，我们既可能任命了一个合适的人，也有可能任命了一个不合适的人，这要看我们是从什么角度来选的。要知道若出任这些职位的人都是一些腐朽堕落、马虎粗心的家伙，必定会严重损害整个社区的利益；如果出任这些职位的人，各个忠诚质朴，热爱国家，那么小镇的工作就能成功展开了，所以关注这些事是我们每个公民应尽的义务。

让我们的公民有更高的素质，是我们的最高宗旨。想让镇或者城市得到长足的发展，就必须提高居民的素质。为什么现在很多城镇都掌控在那些腐朽之辈和阴谋家手中，就是因为没有更优秀和更豪爽的人站出来发挥自己的影响力。所以为了将行政水准迅速而平稳地提高上来，我们一定要制订方案，并从小的地方开始加以改进。

对于我们所在地区的政府，它有着怎样的体制，调整这些体制时，要遵循哪些既定的原则和规范，这些我们都应该了解清楚。如果我们对臣属们必须遵从的法律法规并不了解，那我们又怎么能合理地调整对他们的执行手段呢？

想要有力地保证政府官员在合理合法条件下践行自己的职责，社区内奉公守法的民众就必须时刻关注他们的行为。可是，我们绝对不会想到这方面的情况已经糟糕到了何种境地。

说到执法不严的事，最近有位作家曾经介绍说："我来自西部的一个大城市，有 7 万人在那儿生活。几年前，那里发生了很多起火车抢劫案，当地的主流媒体还对此进行过报道。他们发现劫犯只以快递公司和铁路公司作为抢劫目标，人们对此并不关心，因为这些公司会对被抢的财物负责，这看上去像是他们抢了民众的财产。现在事情变得越来越严重了，似乎公民也有丢失行李和钱财的危险，整个城市都遭遇了名誉危机。所以必须有所行动。”全文其余内容均显露了一种严肃的见解。得克萨斯某位法官的故事很有参考价值，当时，他默许杀人犯借助法律漏洞逃脱法律惩处，结果发现不动产越来越不值钱，他认真分析过这件事之后，终于开始对后来的违法之徒都判处了绞刑。

面对公共事务，我们必须有开阔的眼界。为了捍卫和平和正义，一切文明政府都应当坚信完成其他各种性质的工作是自己应尽的义务。在制定美国宪法时，我们国家的创建者们曾经在序言部分，为省政府下了一个非常棒的定义，这个序言说：

“为了组建一个更加健全的联邦，获得公正，确保国内的稳定，组建共同的国防，为了让所有民众都能拥有更大的福利，也为了确保我们自己和我们的后世子孙能够永远拥有随自由而来的幸福，我们美利坚合众国的人民特此为美利坚合众国制定和颁布这部宪法。”

我们应当成为“帮助大部分人获得最大利益的最好办法”，这是每位合格的公民都应该严格遵守的一句箴言。我们以寻求最健康的发展，让所有人民过上最幸福的生活为目标。这是切实履行我们一切职责的唯一手段。

Chapter 38▶

公民与国家

▶ 热爱你的祖国，不要违背国法。

——诺亚·波特

▶ 国民性格是个人性格的叠加。

——E.C. 曼

▶ 想要切实守卫国家，保证人民的道德水准是关键。

——埃德温·C. 曼森

▶ 我们掌握的任何一种知识，都不能少了真挚的爱国之心。

——E. 爱德华兹

▶ 公民思想是一种高贵的思想，这种思想及其附带责任能增强每个人的意志。

——E. 爱德华兹

我们时常敢于将美国政府作为一种最值得借鉴的榜样推荐给周边世界，因为它有广博、综合且民主的特质，它是一个“为民所有、为民所治、为民所用”的政府，这是我们惯常的说法。在这颗绿色的星球上，一切其他国家都比不上我们的国家，因此只要智力正常的人都得承认我们有自豪的资本。

这个国家的政府是公民自己创建的，正因为这样，维护的工作也只能由公民来承担。若没有认真、诚实、富有爱国心的人，对它所建立的各个办公部门和政府进行管理，它或许会彻底覆灭。每当国家遭遇危难，我们马上就会想到，人们爆发出来的爱国行为已经多次挽救了我们国家的命运，这也是我们必须承认的一点。可是，除非有异常强大或者让人振奋的诱因激发，否则我们的爱国热情往往不会停留在最浓烈或者最崇高的那个点上。对于这种情况，我们一定要从两方面来考虑。

就像士兵一般，当政府发出召唤时，有行为能力的公民必须有胆量站出来。我们要不惜一切风险和代价在国家需要的时候，救国家于水火，即使牺牲性命也在所不辞。发出号召的是政府，作为国民，我们如何回应则关系到了民族的荣耀，乃至世界的奇迹。

公民必须承担国家的危险和利益。他如果想合理地捍卫自己的权利和利益，就必须懂得捍卫其同胞的权利和利益。这点没人会反对，所以也没必要去争辩。要知道，只有忠实的公民才值得被同情、被尊重，所以当一个人危害到自己的国家时，我们会立即在他身上贴上不热爱国家、不配得到尊敬和同情的标签。

现在，我们再看看另一种情况。战争和动荡时期需要公共服务，和平和繁荣的时期也一样需要公共服务。不要以为国家在前一种情况下的需求，就一定比后者多。一定要有人在政府工作，这点我们在前边已经说了，既然如此，在繁荣和发展时期必备的公共职务，又怎么能无人就任呢？有些利益是此种岗位必须保留和提供的，可是因为合适的人和有爱国之心的人不足，结果这些利益也无法落到实处。

在如今这个时代，最缺少的就是有公益精神的人，我们指的是愿意为了所有同胞的共同利益付出努力的人和视野广阔的人。公共福利和个人利益之间有什么不同，那些思想偏狭、没有见识的人是不会知道的。

总体而言，那些为了拿到钱才参与到政府工作中的人，和内战时为了得到政府补贴才参战的人没什么不同。另一方面，真正热爱公益的人，会将服务于公众视为一种乐趣，他们感受到的自由，比法律允许的要大得多。

“公众服务是一种伟大的托付。”这句话说得很有道理。任何人，当他所做的工作具有公共属性时，他就有责任忠实、出色地完成这些职务的神圣义务。但是有些人因为自己有份参与法律的制定，就觉得自己比法律更高，可以任意选择是否遵从法律了。可惜，事实并非如此，而且每个人都该知道这种想法并不正确。

立法者难道就不是公民了吗？所有公民在法律面前都是平等的，他也没什么不同。他没道理要违逆所有人，而是应该尽心竭力地为法律护航，要知道我们最珍稀、最伟大的资产就是法律，它是一切自由的章程。它力量强大，任何人都要屈服于它，不管这个人是什么职位，有着多大的号召力。所有人都要敬重它、畏惧它、服从它。

在这方面，人们如今有一种非常普遍的观念——欺瞒政府没什么坏处，这是一种奇怪的现象，显露出了人们的愚昧和无知。当一个政客谋得了一个高位，或者当一个商人运气不错，和政府签订了一个规格很高的合同时，他会将这个高位或者合同当作一种能够挖到比其他地方更多利益的资本。换一种说法，在个人企业或者机构中任职时，如果有人利用骗术肆无忌惮地攫取金钱，这个人一定会被关到监狱里，并烙上终生耻辱的印记。但是当他在政府机构工作时，就不一样了，人们似乎觉得这里的工资就应该高于其他个人或者私人机构，所以一边为国家工作一边大肆攫取金钱。

让选票箱具有更高的透明度，是当今很多有见识的公民非常渴望的一件事。对此，我们的建议是，针对选民建立一套教育系统并严格执行，以此来提高选民素养，而且想要得到选举权，必须至少在美国生活十年。不能将选举权交给那些连字都不会写的人，想要得到机会接触、管理我们的公共事务，首先得看得懂英语版的美国《宪法》，并掌握它的意思。

我们这个时代有一个明显的特点，就是出类拔萃的人不会参政。之所以如此，原因有很多：或许是他们对自己号召力的重要性没有充分的认识，或许是他们误以为自己的选票毫无价值，或许是其他什么原因，总之一句话，相比于国事，他们更看重自己的事。可是，提升我国的道德基准线，其实是一件非常重要的事，我们必须关注此事，就算我们只在乎自己的私事，也是一样。

美国公民所享有的资产，本来就比其他人多。我们的政府是公民的政府，它要求我们在不超出职权的情况下，关注公共事务，为公共事务出一份力。

诚如多尔教授所说的一样：“在我们的发展浪潮中，我们会亲眼看到很多大城市耸立起来，一个个美丽的村落出现在山间田野，白色的浪花在平静的湖面上绽开。孩童的欢笑声从玉米地传到我们耳中。当夕阳的余晖映向远处的草原，一个振奋人心的场景在光辉中浮现：不计其数的人从‘旧世界’的暴政下挣脱出来，他们聚在一起感谢上帝，感谢他将如此丰饶的土地，赐给他们耕耘。”

我们应该保护这一切，这毋庸置疑；我们不能任由如此庞大的遗产变成荒芜，这也毋庸置疑；这个有着宏图霸业的民族，这个未来金光璀璨，闪耀着炫目的希望之光的民族，势必会得到我们全力的支持，这更是毋庸置疑。所以，我们要提醒你们的只有一件事：对我们的国家来说，只有那些为了推动和建设国家而认真践行自己职责的人，只有那些将国家赐予自己的机会珍而重之的人，只有那些将我国先辈们的珍贵回忆和经历视若珍宝，尽心竭力地创建和维持它的本来面貌的人，才是最有价值的公民。

Chapter 39

公民的诞生

- 选民的头上虽然没有王冠，可他们却是这个国家的实际掌控者。

——摩根

- 一等公民绝不会来自二等人类。

——J.S. 怀特

- 政坛的所有好心人在使用手中的权力时，想的都是造福于公众。

——M.C. 皮特斯

- 想让城市干净？那你得善用手中的选票以确保政府是干净的。理想的公民会将每个人民视为兄弟，国家在他眼中就是家庭，只是规模更庞大而已。

——哈伯顿

我们的学习就要结束了。从开始到结束，前边的所有内容慢慢汇聚于一点——通过对上述才华和能力的落实，打造出综合水平较高、各方面发展完善的成年人。

一个全方面发展的人或许是人类的最大成果，因为他将具备我们想要的一切。所以，我们最后的目标就是这种素质更高的人，这也是我们最紧急的需要。

一个人如何生活，有怎样的性格特点，是由他的各种思想决定的，所以通过对人的思想进行整合，我们就可以判断他是什么样的人。一个人有多大的力量，要看他能不能将心中的想法变成衡量力量的标尺和展现力量的手段，如此，他才能最大限度地使用自己的力量，他会发现自己不适合的行业和岗位，然后离开它们。

在当前的现实工作中，仅靠这条标准，就能清除五分之四尸位素餐、腐败无能的政客。我们现在有太多从政者根本就不了解政治，他们已经快把国家压垮了。公众的利益从来不是他们的目标，如此，他们又怎么会提出为公众利益服务的措施呢？但是我们的政治体系是对的，错的只是这些人而已。他们必须先成为合格的人，才能变成有价值的人。他们连自己都管不好，又怎么能妥当地管理国家工作呢？必须有人告诉他们，辩论和嘶吼是两回事，在他们的全部政治工作中，扯着嗓子喊对公共利益没有半点儿好处。相反，相比于一辈子喧嚣热闹，虚假做作的从政者，个人由心提供的服务，要有意义得多。不过，我们要再说一次，通常来说，只有那些有自己的想法且思维缜密的成年人才会提供这样的服务。

这一切对公民自身也同样有效。理想的成年人一定要有坚实、沉静的独立精神，要真心热爱公义和真理，他们的人生应该既正直又公正，既诚实又无私，他们不会逢迎拍马，不会敷衍塞责，不会既可怜又可悲地求有钱人可怜自己，他们不会不加辨别只因为某人位高权重就像傻瓜一般，对他推崇备至（这样的推崇无处不在）……人们应当努力朝所有这些条件迈进。

合格的人类一定要会思考。我们所说的思考，不是某个人对自己纵横四海，掌握宇宙奥秘的幻想，而是一种权利，他有权用自己的头脑对各种问题进行评判，有权在自己看到的事实的基础上得出看法。一个真正的人，当他认为某件事是对的时候，就算别人再怎么反对，他也会坚持下去。当他发现自己错了，他就会马上认同正确的观点。政治理念多如繁星，可他不能让它们来左右自己的人生，他不能让别人的意志掌控自己，不加辨别地接受那个人所有想法。他必须独立，挺直脊梁支撑自己的身体，善用自己的头脑来决定自己的生活和工作。

理想的公民还应该是一位绅士。不要以为我们说的是那种时时刻刻女里女气、胆小懦弱的人，这种人我们避之不及。绅士风度是我们对男性的所有期望。他要彻底独立，要有活跃的思维，他的言行举止应该是诚实耿直的，他应该是可靠的支柱，要能尽展自己所有内在的才华和实力，他要对原则一丝不苟，对正义推崇备至。

真正的绅士首先要做到的，就是礼貌周全。无论在哪个方面：他的婚姻、他的禀性、他的目标、他的期望，都能自己做主。他应该是一个温文尔雅、冷静自持、宁静平和的人，他做出的每一个决定都是认真思考的结果，不会让冲动蒙蔽自己，他不允许自己成为一个骄傲自大、蛮横霸道、极具侵略性的人。

说得更准确一些，理性的公民还要是一个政治家。请注意，我们说的是“说得更准确一些”和“政治家”。“政治家”和“政客”是不一样的，这点我们必须说清楚。真正的政治家，会以国家的最高利益作为考虑所有问题的大前提，他们是创造公众利益的人。政客却不是这样，他们不仅会为民众制造麻烦，甚至会成为民众的耻辱。

在人类社会的两端，一端是将国家利益变成自身利益垫脚石的人，一方是愿意为国家利益放弃自身利益的人。将党派的宣传语作为誓言的人，只是派系斗争所产生的仇恨的俘虏，他们将自己的整个人生都投入到那些变幻无常的短暂利益中。我们无法从党派斗争的喧哗中找到一条神秘而平坦的路，走向国家的繁荣富强。想要实现这一目标，我们必须默默地对那些能够描绘、刻画人民生活的利益和事项，予以谨慎的分析，并以公正和常识为必须严格遵守的两大基本原则。

同样的，我们认为理想的公民还要热爱自己的祖国。爱国主义和英雄主义是不一样的，为防我们将两者弄混，在深入探讨这一话题之前，请允许我们先停一停，将这个思想上的结解开。

大家能为我们举出两个典型的爱国主义者吗？你会说谁呢？是古代的贺雷修斯、欧尼达斯这样的人，还是现代的威廉•泰尔或者西斯•格兰特……不要误以为我们觉得这些人不是爱国主义者，或者不是最伟大的爱国主义者。

但是我们得说，他们处在特殊的环境中，他们的行为在这种特殊的环境里，相比于爱国主义，更符合英雄主义。你仔细想想这些故事，它们触动我们心灵的是爱国主义吗？不，其实是英雄主义。所以请允许我们暂时放下亲爱的格兰特。

有些人还在为生活而战，挣到的钱只能勉强让全家吃饱肚子、保证最底层的尊严，但是为了表明自己的想法，给那些他真心觉得会对国家利益有好处的措施以支持，他们愿意走到投票站投票，即使这样会被扣掉一个小时的工资。这就是我们想要告诉大家的：在爱国这方面，他们并不比任何人逊色。和格兰特相比，这种人的机会要小得多，但他们是更伟大的英雄。

英雄主义有千百种标准，但是爱国主义者的标准只有一个：“相比于个人利益，更看重国家利益。”什么样的人是爱国主义者：对个人事务和公共事务一样尽忠职守的人；崇尚和平，推动秩序发展的人；凭借自己的力量激浊扬清的人。朋友、认识的人、合伙人、社会地位等，一切能够调动起来有利于国家发展的优势，爱国主义者都会予以利用。当某种活动会对同胞的发展起到引导、启迪、增强、永久改进的作用时，爱国主义会参与其中，而当某个组织或者活动会让同胞走向歧途或者受到羞辱时，爱国主义会站出来予以抵制。我们想要的爱国主义就是如此，而且这种爱国主义者和理想公民在我们眼中没有任何区别。

红旗出版社
RED FLAG PRESS
推动进步的力量

图书在版编目（CIP）数据

公民的诞生 /（美）威廉·F.马克威克，
（美）威廉·A.史密斯著；孙志新译.
— 北京：红旗出版社，2018.1
书名原文：The True Citizen
ISBN 978-7-5051-4311-1
Ⅰ.①公… Ⅱ.①威… ②威… ③孙… Ⅲ.①公民教育—
美国—青少年读物 Ⅳ.①D771.24-49
中国版本图书馆CIP数据核字(2017)第245456号

书　　名	公民的诞生		
著　　者	（美）威廉·F.马克威克　（美）威廉·A.史密斯		
出 品 人	高海浩	责任编辑	赵智熙
总 监 制	李仁国	封面设计	杨祎姝
出版发行	红旗出版社	地　　址	北京市沙滩北街2号
邮政编码	100727	编 辑 部	010-57274504
E-mail	hongqi1608@126.com		
发 行 部	010-57270296		
印　　刷	北京雁林吉兆印刷有限公司		
开　　本	787毫米×1092毫米 1/16		
字　　数	120千字	印张	13
版　　次	2018年1月北京第1版		2018年1月北京第1次印刷
ISBN 978-7-5051-4311-1		定价	39.80元

欢迎品牌畅销图书项目合作 联系电话：010-57274627
凡购本书，如有缺页、倒页、脱页，本社发行部负责调换。